文部科学省後援事業

日本語検定

公式練習問題集 3訂版

1級

日本語検定委員会編

東京書籍

凡例

1、本書の内容

『日本語検定　公式練習問題集　3訂版　1級』は、「日本語検定」で出題される「敬語」「文法（言葉のきまり）」「語彙《ごい》」「言葉の意味」「表記」「漢字」の六つの領域の問題と、「総合問題」から成る問題集です。全部で七つの章があります。

＊「日本語検定」は、漢字や語彙などの特定の領域に限定せず、日本語の総合的な運用能力を測る検定で、受検級は、小学校二年生レベルから社会人上級レベルまで七段階が設定されています。本問題集の問題は、日本語検定委員会が定める受検級の目安に基づいて作成されています。

2、各章の問題構成

本問題集の問題は、平成22年度から平成25年度までに実施された「日本語検定」1級の問題を中心に、テーマ別に選定しています。過去問題の出題形式を知り、類似問題を反復練習します。

なお、各章の扉ページには、その領域の勉強法などをまとめたコラムが掲載されています。

3、解答・解説

本問題集では、各領域ごとに問題と解答・解説を掲載しています。各領域ともに、最後の問題の次のページから解答・解説が始まります。

＊本問題集は、平成21年8月に発行された『日本語検定　公式練習問題集　1級』の3訂版です。再改訂にあたりましては、各領域の問題の一部または全部を改めました。

目次

日本語検定 公式 練習問題集 3訂版 1級

敬語

日本語検定公式練習問題集　1級

敬語を日常的に使っている社会人でも、間違った敬語の使い方をすることは、よく観察されます。たとえば、駅のアナウンスなどで耳にする「この列車にはご乗車できません」は、主語が乗客なので「ご乗車になれません」とするのが正しく、「ご乗車できません」は謙譲表現の「ご～する」の可能形を否定にした間違った形式なのです。また、「ご出席された」「拝見させていただきます」といった二重敬語、敬語の過剰使用、また尊敬語と謙譲語の混同などは、小説やテレビ番組などにも時々見受けられます。これらの敬語の誤用は、習慣的、マニュアル的に使われていることも多いので注意が必要です。敬語表現の形式を整理して、誤用の仕組みをよく理解しておきましょう。そのためには、専門家が書いた敬語の入門書や概説書のほか、文化庁のホームページで閲覧できる、文化審議会答申『敬語の指針』（平成十九年）を読むとよいでしょう。

その他、「ご足労を煩わせる」や「ご高誼にあずかる」など、改まった場面や文書に特有の慣用的な表現にも慣れておきたいものです。

問1

【　】のような場面で、それぞれの（　　）部分はどのような言い方をすればよいでしょうか。最も適切なものを選んで、番号で答えてください。

一【書店の辞書の売り場で、店員が客に】

中学生のお子様なら、この辞書などが（　　）。

1　向いているはずです
2　向いていらっしゃるでしょう
3　向いているかと思います
4　向いていると申せます

二【顧客からの電話を受けて】

担当の古橋はあいにく出かけております。小田様からお電話を頂戴するかもしれないことは古橋から（　　）おります。……

1　承って
2　伺って
3　聞いて
4　お聞きして

三　【会社の営業部員が顧客に】

弊社が開発した新技術により、従来より安価で早く完成させることができます。今回のプロジェクトはぜひ私どもに（　　）。

1　お任せいただきます
2　お任せいただきたいと思います
3　お任せになりませんでしょうか
4　お任せいただけないでしょうか

四　【取引先の役員が来社するので、上役が部下に】

○○物産の吉田常務が三時の飛行機でお着きだから、空港まで（　　　　　）くれ。

1　迎えに行って
2　お迎えに行って
3　迎えて
4　お迎えなさって

敬語
文法
語彙
言葉の意味
表記
漢字
総合問題

問2

【　】のような場面で、それぞれの（　）部分はどのような言い方をすればよいでしょうか。最も適切なものを選んで、番号で答えてください。

一【新任の教師に小学校の校長が】

体罰は困りますが、不まじめな子どもは（　　　）ください。

1　容赦なくお叱りしてやって
2　容赦なくお叱りなさってあげて
3　遠慮なく叱ってやって
4　遠慮なく叱ってあげて

二【時計の修理を依頼しに来た客に、時計店の店主が】

細かな調整にかなり時間がかかりますので、一週間ほど（　　　）。

1　預からせてくださいませんか
2　お預かりさせてもらっていいですか
3　お預かりさせてくれないでしょうか
4　預からさせていただけないでしょうか

三【レストランで、ウエーターが客に】

御年配のかたには、Bコースのセットが（　　　）。

1　よろしいかもしれません

2　よろしいはずだと思います

3　よろしいかと思われます

4　よろしいかと存じます

四【チケットの予約をした客に電話で】

（　　　）チケットが、お客様のご希望どおりに取れました。

1　ご予約された

2　ご予約いただいた

3　ご予約になられた

4　ご予約していただいた

敬語

文法（言葉のきまり）

語彙

言葉の意味

表記

漢字

総合問題

問3

【　】のような場面で、それぞれの（　　）部分はどのような言い方をすればよいでしょうか。最も適切なものを選んで、番号で答えてください。

一【空港のチェックインカウンターで、職員が乗客に】

たいへん申し訳ございません。（　　）東京—福岡便は、天候不順のため出発時刻に遅れが生じております。

［１お客様が搭乗をご予約になられた　２お客様が搭乗をご予約なさった　３お客様が搭乗をご予約していただいた　４お客様が搭乗をご予約なさられた］

二【講演会で、講師を紹介するときに】

高橋先生は、長年にわたりバイオ燃料の研究開発を（　　）ました。

［１してこられ　２されてまいり　３なさってまいり　４いたしていらっしゃい］

三【通信販売で購入したセーターを返品したいという電話を受けて】

ご返品いただいた商品が（　　）していなければ、到着後、一週間以内にご返金いたします。

［１お汚しになったり　２お汚しされたり　３汚れたり　４汚されたり］

問4

【　】のような場面で、それぞれの（　　）部分はどのような言い方をすればよいでしょうか。＊に示した条件に合う適切な言い方を、記してください。

一【取引先の人に、スイス旅行で撮った写真を見せてほしいと言われて】

では、今度お会いするときにお持ちして（　　）ましょう。

＊動詞「見せる」を用いずに、敬語を使って「見せる」ということを言う

二【部長が呼んでいることを、上役である課長に伝える】

部長がお呼びですので、至急会議室まで（　　）になってください。

＊「来る」ということを敬語で言う

三【出版社で、手にしていた本の入手先を上役に聞かれた部下が】

著者の太田さんからご（　　）にあずかりました。

＊「投」という漢字を含む、漢字二字の敬語で言う

敬語
文法（言葉のきまり）
語彙
言葉の意味
表記
漢字
総合問題

問5

次の会話は、保険会社の外交員である木村さんと客とのやりとりです。ア～オの――部分について、最も適切な言い方を選んで、番号で答えてください。

【木村】いつもお世話になっております。昨日お電話で申し上げましたように、本日は新しいタイプの医療保険について ア説明したいと思って来ました。

【客】そうですか。あまり時間がありませんので、手短に イ話してもらえればと思います。

【木村】承知いたしました。今回 ウ勧めたい保険のいちばん大きな特徴は、お客様のお考えによって、特約の入院給付金が二種類の中から エ選べる点です。

【客】そうですか。ちょっと、今木村さんが手にされているパンフレットを オ見せてください。

【木村】はい、どうぞ。こちらに書いてありますように、入院給付金の一日の額が一万円のものと、給付金は五千円ですが保険料が半額になるものとの二種類をご用意しております。

ア……1　説明したいと思ってまいりました
2　ご説明させていただきたいと思って伺いました
3　説明して差し上げたいと思ってやってまいりました
4　ご説明させてもらいたいと思って伺わせていただきました

イ……1　話していただければ
2　お話ししてくだされば
3　話されてくだされば
4　お話しになられてくれれば

ウ……1　お勧めになりたい
2　お勧めして差し上げたい
3　お勧めしたい
4　お勧めされたい

エ……1　お選びになられる
2　お選びになれる
3　お選べられる
4　選ばれる

オ……1　ご覧に入れて
2　拝見させて
3　お見せして
4　拝見いたさせて

問6

次の会話は、山田さんが父の七回忌のことで親戚の人に電話したときのやりとりです。ア～オの――部分が適切であれば1を、適切でない場合には最も適切なものを2～4から選んで、番号で答えてください。

【山田】ご無沙汰しています。……来年一月の十一日土曜日に、父の七回忌のアご法要を行いますので、イご出席になられるかどうかをお伺いしたいのですが。

【親戚】ああ、もうそんなにウ年がたったのですね。夫婦で出席いたします。

【山田】ありがとうございます。それから、その後に食事の席をエご用意してあげたいと思うのですが、そちらはいかがでしょうか。

【親戚】お食事のほうも喜んで同席させていただきます。

【山田】お忙しいところありがとうございます。久しぶりですから、ほかの親戚のかたがたもオお喜びされると思います。

ア……1　（適切である）
2　法要を行います
3　法要を行わさせていただきます
4　ご法要を行わせていただきます

イ……1　（適切である）
2　ご出席できるか
3　ご出席いただけるか
4　ご出席していただけるか

ウ……1　（適切である）
2　お年がたった
3　年がおたちになった
4　お年がおたちになった

エ……1　（適切である）
2　ご用意したい
3　ご用意されたい
4　ご用意してさしあげたい

オ……1　（適切である）
2　お喜びになられる
3　喜びなさられる
4　喜ばれる

問7

【　】のようなとき、それぞれの（　）部分はどのような言い方をすればよいでしょうか。最も適切なものを選んで、番号で答えてください。

一【叔母への手紙の最後に】
くれぐれも、（　　　）お大切にお過ごしください。
［1ご自身　2ご身辺　3御意　4御身］

二【就職を希望する企業に履歴書を送付する際の添え状で】
同封の履歴書をご（　　　）のうえ、ぜひ面接の機会を賜りますようお願い申し上げます。
［1味読　2直読　3一読　4精読］

三【自分の部下の非礼を顧客に詫びる手紙で】
この度は、私どもの監督（　　　）によりご迷惑をおかけして、誠に申し訳ございません。
［1不可避　2不行き届き　3不手際　4不出来］

四【父の跡を継ぐことになった息子が、同業の老舗の経営者に】
大先輩として商売の正道を（　　　）いただきたく、よろしくお願いいたします。
［1ご鞭撻　2ご指南　3ご教唆　4ご進言］

問8

次の文章は「支店開設」の挨拶状の一部です。一～五の（　）に入る表現として最も適切で、最も丁寧・丁重なものを選んで、番号で答えてください。

拝啓

向春の候、貴社ますます（　一　）のこととお慶び申し上げます。平素はひとかたならぬ（　二　）を賜り、厚くお礼申し上げます。

さて、弊社は左記のとおり、○○支店を新たに開設することになりました。今後は、一層のサービス向上に努めてまいります。

何とぞ、倍旧の（　三　）を賜りますようお願い申し上げます。

まずは（　四　）（　五　）ご挨拶申し上げます。

敬具

一…1ご清祥　2ご清勝　3ご健勝　4ご盛栄

二…1ご好誼　2ご高誼　3ご友誼　4ご交誼

三…1お引き立て　2お引き回し　3お世話　4ご心配

四…1簡単ながら　2略儀ながら　3勝手ながら　4とりいそぎ

五…1書中を以て　2玉書にて　3玉章を以て　4お手紙にて

問1

解答 一…3　二…3　三…4　四…2

解説 ◆使用場面や上下関係などに配慮した、適切な敬語の用法を問う問題である。

一　店員の立場から客に助言する表現である。店員自身の判断を押し付けがましくないように伝えることが望まれる。その点で、多少のためらいを合意する3の「～かと思います」が適切。1は、店員の判断が強く出すぎていて、客に不快感を与えかねない。2は辞書に尊敬表現を用いていることになる。4は、理由の説明もなく、断定的・一方的に自分の判断を伝える表現になっている。

二　身内の者である同僚から聞いているので、敬語を使わずに言っている、3「聞いて(おります)」が適切。1「承って(おります)」、2「伺って(おります)」、4「お聞きして(おります)」は、同僚に対する謙譲表現であり不適切。

三　相手の意向をうかがいつつ依頼している、4「お任せいただけないでしょうか」が適切。1「お任せいただきます」、2「お任せいただきたいと思います」は、一方的で強引な印象を与える表現であり、不適切。3「お任せになりませんでしょうか」は、「お～になる」という尊敬表現を用いているが、一種の勧告という響きがあり不適切。

四　取引先の役員を空港まで迎えに出向く場面である。「迎えに行く」を謙譲表現にした、2「お迎えに行って(くれ)」が適切。1「迎えに行って(くれ)」、3「迎えて(くれ)」は、敬語が使われておらず不適切。4「お迎えなさって(くれ)」は、「お～なさる」という尊敬表現になっていて不適切。

問2

解答 一…3　二…1　三…4　四…2

解説 ◆使用場面や上下関係などに配慮した、適切な敬語の用法を問う問題である。尊敬表現と謙譲表現の混同や、過剰敬語などに注意したい。

一　子どもを「叱る」のは立場が上の教師であり、子どものためを思ってする行為であるから、3が適切。1は、教師の子どもに対する行為に謙譲表現を用い、2は、学校長が立場が下の新任教師に尊敬表現を用いており、ともに不適切。4も、教師と子どもの関係を対等、もしくは、教師が下だととらえている表現で不適切。

二　客の時計を預かることの可否を問うているのだから、相手の了解を得る「預からせて」、また、許可を求める尊敬表現「〜くださいませんか」を用いた1が適切。2は「〜てもらって」、3は「〜てくれない」に客に対する敬意が表されていない。4の「預からさせて」は、正しくは「預からせて」で、さ入れ言葉。

三　店員が客に商品などを勧める際には、押し付けがましいといった印象を与えないようにすることが望ましい。その点から、多少のためらいを残した、4が適切。1は、やや無責任だといった印象を与える。2は、ウエーターの判断が強く出過ぎている。3は、「思われます」に含意される表現意図が不鮮明。つまり、受け身としても自然可能としても、場面になじまない。

四　キーワードの「予約」を、「客が予約する」の意か、「店の側が客から予約を受ける」の意と解釈するかによって判断が分かれる。1・3は前者、2・4は後者だと捉えられる。前者だと受け取れる1は、「ご〜する」の謙譲表現の形式に「れる」を添えており、3は、「ご〜になる」の尊敬表現の形式に「れる」を加えた過剰敬語で、ともに不適切。後者の2が、「(店の側が客から)予約を受ける」意を謙譲表現を用いて表しており適切。4は、客の「予約する」行為に「ご〜する」と謙譲表現を用いていて、不適切。

問3

解答　一…2　二…1　三…3

解説

一　2の「ご予約なさる」が「ご〜なさる」の形式の尊敬語で適切。1は「ご〜になる」に「れる」が接続した、4は「ご〜なさる」の尊敬語に「れる」が接続した二重敬語。3は「ご〜する」の謙譲語に「いただく」が接続する形式で不適切。

二　「してきた」を尊敬語にする。1の「してこられ」は補助動詞「くる」を尊敬語「こられる」にして適切な形式。2は尊敬語「される」、3は尊敬語「なさる」に、謙譲語「まいる」が接続する形式で不適切。4の「いたす」は「する」の謙譲語に尊敬語「いらっしゃる」が続き不適切。

敬語
文法（言葉のきまり）
語彙
言葉の意味
表記
漢字
総合問題

三　1の「お汚しになる」、2の「お汚しされる」、4の「汚される」は、他動詞「汚す」の尊敬語で、客が故意に汚すような意味合いを含むため、ここでは不適切。自動詞「汚れる」を使った3が適切。この場合、セーターについて言っているため敬語にはしない。なお、2の「お汚しされる」は謙譲語「お〜する」に尊敬の助動詞「れる」が接続する不適切な形式。

問4

解答　一…ご覧に入れ／ご覧に供し／お目にかけ　二…おいで／お越し／お運び　三…恵投

解説　◆使用場面や上下関係などを踏まえ、指示された条件に従って、適切な言い方を考える問題である。

一　「見せる」を適切な謙譲表現にしなければならない。「見ること」の尊敬語である「ご覧」を用いた「ご覧に入れ（ます）」が適切。「ご覧に供し（ます）」としてもよい。また、「お目にかけ（ます）」も見せることの謙譲表現である。「『見せる』を用いずに」という条件がなければ、「お見せし（ます）」という表現も可能である。

二　会社の「部長」が、話し手の上役である「課長」を呼んでいることを、課長当人に伝える場面である。部長が伝言を依頼する際に敬語を用いなかったとしても、課長に対して適切な尊敬表現を用いたい。「来る」の尊敬語である「おいで」を用いて、「おいで（になってください）」とするのが適切。また、「お越し（になってください）」、「お運び（になってください）」でもよい。

三　目上の人が物を贈ってくれる意の尊敬語である「恵投」を用いて、「（ご）恵投（にあずかり）」とするのが適切。「恵投」には、「ご恵投を賜る」という結びつきもある。「『投』という漢字を含む」という条件がなければ、「（ご）恵贈（にあずかり）」や「（ご）恵与（にあずかり）」などの表現も可能である。

問5

解答　ア…2　イ…1　ウ…3　エ…2　オ…2

解説　◆保険会社の外交員と勧誘を受ける客とでは、当然客のほうが立場が上である。したがって、外交員が客の行為には尊敬表現を、自分自身の行為には謙譲表現を用いるべきである。一方、客のほうも、相手より立場が上だからといって、尊大だと受け取られるような表現を用いたりすることは、円滑なコミュニケーションを行ううえで避けなければならない。

ア　相手の許しを得て行う意を含意する「〜させていただきたい」を用いた2が適切。1「説明したい」には謙譲の意が含まれていない。3は、「〜て差し上げたい」が恩着せがましい表現。4は、「〜てもらいたい」に相手に対する敬意が込められていない。

イ　相手が「自分のために話す」ことに敬意を込めた、1が適切。2は、相手の行為に「お話しして」と謙譲表現を用いている。3は、「話される＋くだされる」と冗長で過剰気味の表現になっている。4も、「お話しになる＋〜れる」と過剰敬語。

ウ　客に「勧める」のであるから、謙譲表現を適切に用いた、3「お勧めしたい」が正答。1は尊敬表現。2は、勧める当人の言い方としてはおかしな恩着せがましい表現。4は、謙譲表現に受け身表現が添えられたような表現になっている。

エ　尊敬表現に可能表現を添えた、2の「お選びになれる」が適切。1は、「尊敬表現＋れる」で、過剰敬語。3は、非文法的な表現。4は、尊敬表現としては正しいが、可能の意味が表されていない。

オ　相手が持っているものを許可を得て見ようというのだから、2「拝見させて」が適切。1、3は、相手の「見せる」という行為に対して謙譲表現を用いていることになる。4は、「拝見いたす＋せる」となっており、「〜てください」と結び付ける依頼表現としては、一般には用いられない。

問6

解答 ア…2　イ…3　ウ…1　エ…2　オ…4

解説 ◆父の法事とその後の食事の席への出席を親戚に尋ねている場面である。法事という改まった場への招待であることを考慮し、失礼にならないように注意するとともに、不要なものに敬語を使わないようにすることが必要である。

ア　ここでは、親戚に自分の父親の法事を行うことを伝えている。問題文の「ご法要を行います」は、自分の父の法要に「ご」を付けているのが不適切。2「法要を行います」が適切。3と4は、相手の承認や許可を得て法事を行うという関係ではないので、「〜せていただきます」という言い方が不適切。加えて、3は「行わさせて」も、4は「ご法要」も不適切。

イ　問題文の「ご出席になられるか」は、尊敬語「ご出席になる」に尊敬の助動詞「れる」を重ねた過剰敬語で不適切。3「ご出席いただけるか」が、恩恵を受ける意味も表す謙譲表現として適切。2と4は、相手の行為に「ご出席する」という謙譲語を用いていて不適切。

ウ　法事の話を聞いて、時間の経過を自分で感じている場面であり、年の経過に対して敬語を使う必要はない。問題文の「年がたった」が適切なので1が正答。

エ　問題文の「ご用意してさしあげたい」は、相手に対して恩着せがましい表現で不適切。2「ご用意したい」が適切な謙譲表現。3「ご用意されたい」は、謙譲語「ご用意する」に受け身または尊敬の助動詞「れる」を付けた形で不適切。

オ　問題文の「お喜びされる」は、親戚の心情に「お〜する」という謙譲表現を用いていて不適切。尊敬表現である、4「喜ばれる」が適切。2と3は、それぞれ尊敬語「お喜びになる」「喜びなさる」に、尊敬の「れる」を重ねた過剰敬語で不適切。

問7

解答 一…4　二…3　三…2　四…2

解説 ◆書簡文や改まった挨拶などに特有の、文脈に合った適切な語を選ぶ問題である。常套的・慣用的に結び付きの決まったものもあることに注意したい。

一　手紙文で、相手の健康を気遣う言い方である。相手の「お体」という意の、4「御身《おんみ》」が適切。1の「自身」は自分の意、2の「身辺」は身のまわりの意、3の「御意」は、目上の人の「お考え」の意で、いずれも不適切。

二　面接の前段階として履歴書に目を通してほしいという文脈なので、一通り読むという意の、3「一読」が適切。1「味読」は、文章の内容を味わいながら読むこと。2「直読」は、漢文を訓読せずに語句の順に音読すること。4「精読」は、細かいところまで注意して読むこと。

三　監督責任を「十分に果たしていない」という文脈であり、なすべき配慮が行き届いていないことを表す言葉として、2「不行き届き」が適切である。1「不可避」は、事件や事故などが避けられないこと。3「不手際」は、対応の仕方が適切さを欠いていたことをいう言葉だが、「私の不手際です」のように使い、「監督～」とは使わない。4「不出来」は、作品の仕上がり具合などが悪いこと。

四　「商売の正道を～いただきたく」とあるので、その道の基礎・基本から手ほどきをする意の「指南」を用いた、2「ご指南」が適切。1の「鞭撻」は、懲らしめとして鞭で打つ意から転じて、しっかりやれとはげますことを表し、一般に先輩などにそうされることを願う意で用いられる。3の「教唆」は、人に暗示を与えて、悪事や犯罪などを犯すように仕向けること。4の「進言」は、立場が上の人に意見を述べること。

問8

解答　一…4　二…2　三…1　四…2　五…1

解説

一　「盛栄」は、相手の商売などが栄えていることを祝する言葉。「清祥」「清勝」「健勝」は、相手の健康を祝する挨拶の言葉で、会社宛の文書にはそぐわない。

二　「好誼」「高誼」「友誼」「交誼」はすべて、親しい付き合いのこと。「高誼」以外は目上に対しては失礼にあたる。

三　「引き立て」は「愛顧」と同義で、格別にひいきにすること。「引き回し」は「お引き回しのほど」のように使い、先生や上司に指導してもらうことを表す。

四　「略儀」は正式の手続きや様式を簡単にした方法のこと。「簡単ながら」ではビジネスの文面にそぐわず、「勝手ながら」「とりいそぎ」では、文意も文体も合わない。

五　「書中」のほか「書面」「書状」なども同様に使われる。「玉書」「玉章」はともに立派な文章の意で相手の手紙のことを言う。「お手紙にて」は、改まった文書には不適切。

文法（言葉のきまり）

大学生のＡくんは「現代の若者と雇用制度のあり方」という題名でレポートを提出しました。以下はその中の二文です。

「長引く景気低迷や成果主義による人事評価により、従来型の終身雇用制度を根底から崩壊しかねない。」

「各自治体は、若年層の就業支援のために近年多額の予算が使われているという。」

レポートが返却されたとき、傍線部分には「？」が付けられていました。何がおかしいかわかりますか？　一文目は「終身雇用制度を崩壊しかねない」ではなく、「終身雇用制度を崩壊させかねない」ですよね。二文目も、「各自治体は」で始まったなら「予算を使っている」にするか、あるいは前半を「各自治体では」に変えた方がよさそうです。

これらは使役と受け身が正しく使われておらず、文の組み立てが乱れています。文法的に誤った文は読み手に負担をかけ、混乱を招きます。自分の書いた文が正しく伝わるように、日頃から注意して練習しておくようにしましょう。

問1

一～六の助詞「と」を、例文を参考にして、意味・用法の観点からA～Cの三種類に分類してください。

A…彼とけんかしたのは今日が初めてだ。
B…昨日の夜は田中君と一緒に帰った。
C…ぼくの計画は君のとはかなり異なっていると思う。

一　陸上部のエースである別所君と走ったが、速くてついていけなかった。
二　俊才の作品と比べられてはたまらない。
三　今度Aチームと対戦することになった。
四　神戸では、姉と二人で住んでいました。
五　こんなところでばったりあなたと会うとは思いませんでした。
六　苗田さんがあなたと同じ考えだとは思わなかった。

問2

補助動詞「(～て) いる」を、意味・用法の観点からA・B・Cの三類に分けました。それぞれの類にあげた例文を参考にして、ア～コをA・B・Cのいずれかに分類してください。

Aの類　ぼくは、今、山田さんに手紙を書いている。
Bの類　昨日挿した花瓶の花がもうしおれている。
Cの類　兄は、毎朝欠かさずにジョギングをしている。

ア　その話は、何年も前から知っている。
イ　八十歳を過ぎ、同級生の多くは鬼籍に入っている。
ウ　昨夜からの雨が今朝も降り続いている。
エ　この書棚の本は、もう全部読んでいる。
オ　近ごろは、年のせいか、風邪を引いてばかりいる。
カ　順調なら、次の日曜日は退院している。
キ　この子は友達が持っている物をすぐに欲しがる。
ク　今、考えごとをしているので、邪魔をしないでくれ。
ケ　日本人は昔から主食として米を食べている。
コ　彼は何かにつけて不平不満をもらしている。

問3

文の連体修飾部（〰〰線）と被連体修飾部（——線）の意味的な関係に着目して、二類に分けました。それぞれの類にあげた例文を参考にして、ア～クがA・Bのいずれに当てはまるかを答えてください。

Aの類　これは、私が昨日買った本だ。

Bの類　玄関のほうでドアを開ける音が聞こえる。

ア　以前読んだ『資本論』の新訳が出たそうだ。

イ　軒先につるした風鈴が風に揺られている。

ウ　母親が子供を叱る声がやっと止んで、静寂が戻った。

エ　駅員が忙しく走り回る様子から、何か事故があったと察した。

オ　友人から借りた傘を電車に忘れてしまった。

カ　サンマを焼くにおいが台所から漂ってくる。

キ　親から譲り受けた土地を全て失った。

ク　岩陰に何かが潜んでいるような気配が感じられる。

問4

一～五の【　】内の動詞に、下に示した意味の助動詞を付け、（　　）に当てはまるように適切に活用させて書いてください。

一【見る】　可能＋打ち消し＋過去
帰りが遅かったので、見たかったテレビドラマが（　　）。

二【片付ける】　使役＋可能＋打ち消し
子どもはまだ幼いので、一人でおもちゃを（　　）。

三【着る】　使役＋受け身
小さい頃は、姉のお古ばかり（　　）ていました。

四【投げる】　使役＋可能＋打ち消し推量
肩が回復していないので、吉田投手にはまだ（　　）。

五【待つ】　使役＋可能＋打ち消し
お客さんをこれ以上（　　）と思います。

問5 一～四のようなことを言うとき、文末の部分として最も適切なものを選んで、番号で答えてください。

一 自動車の脱ガソリンは、高性能電池の開発といった新たな産業の拡大にもつながる。低炭素社会の実現には、こういう形でさまざまなビジネスチャンスが（　　）。
［1 出てくるかどうか　2 出てくるらしい　3 出てくるはずだ　4 出てくるのだろうか］

二 国の治水予算が減っている中では、完全な堤防やダムに長い時間とカネをかけるよりも、危ない箇所を選んで（　　）。
［1 効果的な手を打つのだろうか　2 効果的な手を打ったほうがいい　3 効果的な手を打てるはずだ　4 効果的な手を打てないものか］

三 私たちが省エネに努め、家電製品をエコ替えすることは大事だが、電力会社にも「地球に優しい」電源に変えて（　　）。
［1 もらえるはずだ　2 もらえるのかどうか　3 もらえると信じたい　4 もらわねばならない］

四 低炭素化の取り組みは、自動車業界だけでなく、産業界全体にとっても、新しい時代を（　　）。
［1 開くに違いない　2 開くのかどうか　3 開くべきである　4 開くはずもない］

問6

一～五のようなことを言うとき、各文のア・イの言い方は適切でしょうか。次の要領に従って、番号で答えてください。

1…ア・イとも適切　2…アだけが適切　3…イだけが適切　4…ア・イとも不適切

一　音感をア磨かさせようと、彼女は、毎日子どもに古今東西の名曲をイ聴かせているそうだ。

二　学生たちにパソコンを使って同時にア答えさせるようにすれば、授業の効率をイ高めれるだろう。

三　読まなければいけないと思っていた本がア借りれることになったので、買わずにイ済ませられそうだ。

四　予定どおり道路工事をア完了させられれば、半年後には車をイ走らせれるはずだ。

五　傘もアさせれないほどの大雨の中を、やっとのことで家までイ帰ってこれた。

問7

次の文の中で、小説などの文芸作品を除き、日常の日本語表現としては不自然なものを**三つ**選んで、番号で答えてください。

1 私は、来年は友人と中国旅行をしようと思っている。
2 彼は、日頃の口ぶりから、当分結婚しないつもりだ。
3 予定どおりにいけば、明日の今頃はパリにいるはずだ。
4 山田さんは突然父親が亡くなり、今とても悲しい。
5 僕は、約束を必ず守るという君の言を信じるよ。
6 彼女は資格試験に合格して、よほどうれしかったようだ。
7 私も来年は還暦で、老後のことを考えなければいけない年になった。
8 毎日片道三時間もかけて通勤していて、佐藤課長はとてもつらい。
9 急激な円安で、輸入品を販売している業者は対応に苦慮している。

問8

次の文の中で、小説などの文芸作品を除き、日常の日本語表現としては不自然なものを**四つ**選んで、番号で答えてください。

1 天気予報によると、今日は午後から雨になるそうだった。

2 遅刻をしてはいけないと思って、早めに家を出たつもりだった。

3 太郎は、父親と遊園地で過ごした一日がとても楽しかった。

4 ここは、古代人の住居の跡にちがいなかったと思う。

5 父の酷寒の地での生活は、さぞや厳しかったことだろう。

6 北海道も、そろそろ桜が咲き始める時期になったはずだ。

7 彼はひどく腹が立ったようで、黙って席を外してしまった。

8 ロンドンに着けば、できるだけ早く山下さんに連絡しなさい。

9 部屋の電気がついていないから、田中さんはまだ帰っていないようだ。

問9

次の文の中で、文を構成する要素間の文法的、また意味的な関係から、文の表す意味が一通りの解釈に限られるものを二つ選び、番号で答えてください。

1 大山さんは上田さんよりフランス語を流暢に話す。
2 彼女はうっとりとして姉が弾くピアノに聞き入っていた。
3 あの画家は多くの弟子に何かと教えられたそうだ。
4 亡くなった兄の写真で私はこれが一番気に入っている。
5 午後七時にいつもどおり彼が店に入ってきてビールを注文した。
6 姉は派遣会社から大学に派遣されて事務の仕事をしている。
7 あのドイツ人は三年前に日本に来たときにも富士山を見たと話していた。
8 林先生はパリでエスカルゴを食べられただろうか。
9 どこかで見たことがあるような一風変わった服装の人を街中で見かけた。

問1

解答 一…B　二…C　三…A　四…B　五…A　六…C

解説 ◆助詞の「と」にはさまざまな用法があるが、ここでは三つの用法を挙げた。Aは動作の相手を示す。その動作は相手がいてはじめて成立する。Aの類の例文に「と一緒に」を加えることはできない。Bは共同して動作・作業する相手を示す。Cは比較・類別する対象を示す。

一　「別所君と走った」は共同動作の相手、すなわち共同者を表すのでBの類に入る。
二　「比べる」比較対象が「俊才の作品」なので、Cの類に入る。
三　「対戦する」相手が「Aチーム」であり、「対戦する」は相手がいないと成立しない。「と」は動作の相手を表しているのでAの類に入る。
四　「姉と二人で」は共同者を表すので、Bの類に入る。
五　「会う」相手が「あなた」であり、動作の相手を表しているのでAの類に入る。
六　「あなたと同じ考えだ」は比較・類別する対象を表しているのでCの類に入る。

問2

解答 Aの類…ウ・ク　Bの類…ア・イ・エ・カ・キ　Cの類…オ・ケ・コ

解説 ◆補助動詞「(〜て)いる」は、意味・用法の観点から、大きく三つに分類できる。

・Aの類は、動作・作用や行為を開始してから終了に至るまでに、時間の経過が必要だととらえられるもので、目下進行中の事態であることを表す用法である。「〜ている」事態を経て、「〜た」と表される、完了した事態へと推移する。
・Bの類は、「〜た」と表されるような完了した事態が前提となり、その後何の変化も生じないで、その完了した事態が継続・持続することを表す用法である。

・Cの類は、同じ動作・作用や行為が反復的・習慣的に行われることを表す用法である。

ア　何年も前に「知った」ことが前提となっているので、Bの類。
イ　多くの同級生がすでに「鬼籍に入った」状態にあるのだから、Bの類。
ウ　昨夜降り始めた雨がまだやまない、つまり、完了前の状態にあるというのだから、Aの類。
エ　すでに「読んだ」ことが前提となっているので、Bの類。
オ　繰り返し「風邪を引く」というのだから、Cの類。
カ　「次の日曜日は退院した」状態にあると予測するのだから、Bの類。
キ　「友達がすでに持った状態にある」物を欲しがるのだから、Bの類。
ク　目下考えごとの最中だというのだから、Aの類。
ケ　食生活の慣習として米を食べ続けてきたのだから、Cの類。
コ　不平不満を反復的・習慣的にもらすというのだから、Cの類。

問3

解答　ア…A　イ…A　ウ…B　エ…B　オ…A　カ…B　キ…A　ク…B

解説　◆連体修飾の二態について問う問題である。連体修飾部と被修飾部との意味的、また、文法的関係には大別して二種ある。一つは、Aの類のように、修飾部の「私が昨日買った」が被修飾部の「本」の意味内容を限定している、つまり、「私が昨日本を買った」ということが前提となっている表現である。ここには、「本を買う」といった述語と対象語（従来の学校文法では「目的語」）の関係が認められる。さらに、「海外出張から帰国した父を空港に迎えた」の修飾部「海外出張から帰国した」と被修飾部「父」のように、両者間に「父が海外出張から帰国した」という主語と述語の関係が認められるようなものもある。もう一つは、Bの類のように、上述のような関係が認められない用法である。被修飾部「音」が「ドアを開ける」わけでも、「音」を「開ける」わけでもない。つまり、被修飾部と修飾部の間に、対象語・述語や、主語・述語を想起させるような、意味的、また、文法的関係はない。

ア　「以前『資本論』を読んだ」という関係が認められるので、Aの類。
イ　「風鈴を軒先につるした」という関係で、Aの類。
ウ　「声」が「子供を叱る」のでも、「声」を「叱る」のでもないから、Bの類。
エ　「様子」と「駅員が忙しく走り回る」との間に、主語・述語の関係や対象語・述語の関係が認められないから、Bの類。
オ　「友人から傘を借りた」という関係で、Aの類。
カ　「におい」が「サンマを焼く」のでも、「におい」を「焼く」のでもないから、Bの類。
キ　「土地を親から譲り受けた」という関係で、Aの類。
ク　「気配」と「何かが潜んでいるような」との間には主語・述語の関係や対象語・述語の関係はないから、Bの類。

問4

解答

一…見られなかった　二…片付けさせられない　三…着させられ　四…投げさせられまい　五…待たせられない

解説

一　上一段活用動詞「見る」に付く可能の助動詞は「られる」。打ち消しの助動詞は「ない」。同じく過去の助動詞は「た」。したがって「見・られ・なかっ・た」となる。
二　下一段活用動詞「片付ける」に付く使役の助動詞は「させる」。可能の助動詞は「られる」。同じく打ち消しの助動詞は「ない」。したがって「片付け・させ・られ・ない」となる。
三　上一段活用動詞「着る」に付く使役の助動詞は「させる」。受け身の助動詞は「られる」。続けて言うと、「着・させ・られる」。「て」につなげる形で、「着させられ（て）」となる。
四　下一段活用動詞「投げる」に付く使役の助動詞は「させる」。可能の助動詞は「られる」。それに打ち消し推量の助動詞「まい」を付けて、「投げ・させ・られ・まい」となる。
五　五段活用動詞「待つ」に付く使役の助動詞は「せる」。可能の助動詞は「られる」。同じく打ち消しの助動詞は「ない」。したがって「待た・せ・られ・ない」となる。

問5

解答 一…3　二…2　三…4　四…1

解説

一　脱ガソリンは、新たな産業の拡大につながる。こういう形でさまざまなビジネスチャンスが…、というのだから、前の流れをそのまま受けて、3「出てくるはずだ」になる。

二　予算が減っている中で、時間とカネがかけられない、危ない箇所を選んで、というのだから、2「効果的な手を打ったほうがいい」という提案になる。

三　私たちが省エネに努めるのだから、電力会社にも…、という流れなので、4「もらわねばならない」という強い主張になる。

四　低炭素化の取り組みは、自動車業界だけでなく、産業界全体にとっても、新しい時代を…、という流れなので、1「開くに違いない」という希望を込めた確信の言い方になる。

問6

解答 一…3　二…2　三…3　四…2　五…4

解説

◆助動詞「せる」「させる」を用いた使役表現と、動詞の可能表現の形式について問う問題である。使役表現は、五段動詞は「未然形＋せる」、上一段・下一段動詞は「未然形＋させる」、サ変動詞の「する」は「させる（未然形（さ）＋せる）」、カ変動詞の「くる（来る）」は「来させる（未然形（こ）＋させる）」である。可能表現は、五段動詞は「書く→書ける」「泳ぐ→泳げる」のように、可能動詞を用い、上一段・下一段動詞は「未然形＋られる」、「くる（来る）」は「来られる」、「する」は「できる」を用いるのが規範的である。

ところが、「見られる」「食べられる」「来られる」を、「見れる」「食べれる」「来れる」と言う、いわゆる「ら抜き言葉」も世代を超えて浸透してきている。また、「読める」を「読めれる」と言う「れ足す言葉」も無視できない勢いで広まりつつある。規範的とされる形式を適切に使うように心がけたい。

一　アの「磨く」は五段動詞であるから、その使役表現は「磨かせる」となる。イの「聴く」も五段動詞で、その使役表現は「聴かせる」である。したがって、イだけが適切。

二　アの「答える」は下一段動詞で、その使役表現は「答えさせる」である。イの「高める」も下一段動詞で、その可能表現は「高められる」である。したがって、アだけが適切。

三　アの「借りる」は上一段動詞であるから、その可能表現は「借りられる」である。イの「済ませる」は下一段動詞であるから、その可能表現は「済ませられる」である。また、「済ます（五段動詞）」の可能表現と見れば、「済まされる」となる。したがって、イだけが適切。

四　アの「完了する」はサ変動詞であるから、その使役表現は「完了させる」で、その可能表現は「完了させられる」となる。イの「走る」は五段動詞であるから、使役表現は「走らせる」で、その可能表現は「走らせられる」である。したがって、アだけが適切。

五　アの「さす」は五段動詞であるから、その可能表現は「させる」であり、否定形は「させない」となる。イの「帰ってくる」はカ変動詞なので、その可能表現は「帰ってこられる」である。したがって、ア・イともに不適切。

問7

解答　2・4・8

解説　◆日本語では、日常的な表現としては、感情・感覚を表す「悲しい」「痛い」や「感じる」、意志・欲求を表す「つもりだ」「〜う／よう」「〜たい」、また、精神作用を表す「思う」「考える」などがそのままの形で文末の述語表現として断定的に用いられるのは、発話者（話し手・書き手）自身に関する事柄を述べる場合、つまり、主語が一人称のときに限られるという制約がある。主語が二人称の場合は、「〜か」と問いかけたり、「ね」などの終助詞を添えたりして用いられる。主語が三人称の場合は、「〜かもしれない」「〜にちがいない」「〜のだ」「〜らしい」「〜ようだ」「〜だろう」などと、発話者が相手や第三者の心情などについてそのように推測・判断するという意を表す表現形式を添えて用いるのが一般である。また、二・三人称が主語の際は、引用の形式をとることもある。これは、感情・感覚や意志・欲求などはそれを抱いている当人以外の者には推測するしかないということによるものであろう。ただ、このことには例外があり、小説の類には、「そのとき、太郎は花子の好意がひどくうれしかった」などの表現をよく目にする。これは、観察者の立場にある作者の視点が作中人物に転位したことによるものなのだろうと考えられる。
1 「私」の意向を述べている表現で、不自然さはない。
2 「彼」の意向を、「つもりだ」と断定的に述べているので、不自然。「つもりらしい／つもりのようだ」などが期待される。
3 当人自身の見込みを述べていて、自然な表現。
4 第三者の山田さんの心情を述べているので、不自然。「悲しいはずだ／らしい」などとあってほしい。
5 「僕は〜信じる」と主述が呼応し、自然な表現。
6 第三者である彼女の心情について、発話者が「〜ようだ」と推量する意を添えているので、自然な表現。
7 発話者自身に関する事柄を述べているので、自然な表現。
8 第三者である「佐藤課長」の心情を述べているので、不自然な表現。「つらいらしい／ようだ」などが期待される。
9 新聞などでよく見られる表現。円安によって、輸入品を販売している業者が対応に苦慮しているという一般論を言っているので、不自然さはない。

問8

解答 1・3・4・8

解説

1 伝聞を表す「そうだ」は発話の時点における判断として用いられるのが一般で、「そうだった」は不自然な表現。過去の伝聞に基づく判断も、「火事があったそうだ」などと、「〜たそうだ」の形で用いられる。
2 当人自身の意志に基づく行動について述べていると判断されるので、自然な表現。
3 第三者の心情を述べているので、不自然な表現。「楽しかったようだ／らしい」などの表現が期待される。
4 「〜にちがいない」は、過去のある時点における判断を表す場合には、一般に「〜にちがいないと思った」の形で用いられる。
5 第三者の心情を「〜だろう」と推測しているので、自然な表現。

6 話し手自身の判断を述べていて、自然な表現。
7 第三者の感情の変化を「〜ようだ」と推測しており、自然な表現。
8 ロンドンに着くことを前提とした命令・勧告なので、仮定を表す「ロンドンに着けば」とは照応しない。
9 話し手自身の判断なので、自然な表現。

問9

解答 1・6

解説 ◆往々にして二通り、また、それ以上の解釈の可能な表現が見られる。特に、修飾・被修飾の関係をどうとらえるかによって解釈の多様性が生じる。文脈に照らして、誤解することのないようにするとともに、誤解を与える余地のないような表現を心がけたい。

1 一つの解釈に限られる。
2 「うっとりとして」が、「姉が弾く」を修飾するとも、「聞き入っていた」を修飾するとも解釈できる。
3 「教えられた」が、尊敬の意とも受け身の意とも解釈できる。
4 「兄の写真」が、「兄を撮影した写真」とも「兄が撮影した写真」とも受け取れる。
5 「いつもどおり」が、「店に入ってきて」と、「ビールを注文した」のどちらかだけを修飾するのか、両者を修飾するのかといった解釈が成り立つ。
6 一つの解釈に限られる。
7 三年前の経験をも含めて語っているのだが、「富士山を見た」のが三年前であるとも、それ以前であるとも、また、「日本に来たとき」が、日本に到着する前、つまり、来る途中のことを言っているとも、日本に到着してから後のことを言っているとも解釈できる。
8 「食べられた」が、尊敬表現とも可能表現とも解釈できる。
9 「どこかで見たことがあるような」が、「一風変わった服装」だけを修飾するのか、「一風変わった服装の人」を修飾するのかといった二つの解釈が可能である。

語《ご》彙《い》

日本語検定公式練習問題集　1級

語彙の勉強のゴールはどこにあるのでしょうか？　試験に合格したら？　検定に合格したら？　いやいや、人生の終わりに到ってもゴールできないのでは？　さまざまな意見があると思いますが、一応のゴールは、難解な漢字を含む語とその文脈を適切に使用でき、その使用に不安を感じないことではないでしょうか。しかし、その到達点は勉強すればするほど、どんどん高くなっていきます。そこが日本語の奥深いところであり、面白いところなのです。では、語彙を増やすためにはどうしたらよいのでしょうか。よく言われることは読書を積み重ねることですが、上級者ともなれば、今日発行されている本では手応えを感じることはあまりできないでしょう。一番よいのは、夏目漱石や森鷗外といった、明治から大正期にかけて活躍した作家の小説です。辞書を片手に、語彙の世界の面から、彼らの小説の世界を楽しんではいかがでしょうか。

問1

【　】の中の言葉に対して、一～三は意味の最も類似した語（類義語）を、四～六は対照的な意味を表す語（対義語）を選んで、番号で答えてください。

《類義語》

一【遊学】
［1 見学　2 篤学　3 留学　4 私学］

二【改悟】
［1 後悔　2 悔恨　3 悔悛　4 慚悔］

三【入寂】
［1 寂寞　2 寂滅　3 寂寥　4 寂然］

《対義語》

四　【留鳥】

［1　野鳥　　2　候鳥　　3　益鳥　　4　飛鳥］

五　【跋語】

［1　緒言　　2　識語　　3　後序　　4　奥付］

六　【懶惰】

［1　精励　　2　勤倹　　3　誠実　　4　実直］

問2

【　】の中の言葉に対して、一～三は意味の最も類似した語（類義語）を、四～六は対照的な意味を表す語（対義語）を選んで、番号で答えてください。

《類義語》

一【先般】
［1 過般　2 今般　3 這般　4 全般］

二【頭目】
［1 猛者　2 統帥　3 首領　4 権能］

三【曽遊】
［1 旧遊　2 清遊　3 外遊　4 周遊］

《対義語》

四　【刹那】　「1 一瞬　2 巨利　3 永劫　4 永訣」

五　【全豹】　「1 一抹　2 一如　3 一斑　4 一瞥」

六　【覇道】　「1 天道　2 仁道　3 王道　4 武道」

問3

【　】の中の言葉に対して、一〜三は意味の最も類似した語（類義語）を、四〜六は対照的な意味を表す語（対義語）を選んで、番号で答えてください。

《類義語》

一【放埒】
［1 放縦　2 放生　3 豪放　4 追放］

二【門客】
［1 過客　2 食客　3 珍客　4 招客］

三【青嵐】
［1 旋風　2 清爽　3 群青　4 薫風］

《対義語》

四 【緻密】

［1 荒唐 2 粗雑 3 乱雑 4 綿密］

五 【瞥見】

［1 凝視 2 監視 3 一見 4 管見］

六 【存置】

［1 禁止 2 停止 3 廃止 4 阻止］

問4

【　】の中の言葉に対して、一～三は意味の最も類似した語（類義語）を、四～六は対照的な意味を表す語（対義語）を選んで、番号で答えてください。

《類義語》

一【桎梏】
［1 拘留　2 束縛　3 拉致　4 拷問］

二【嚆矢】
［1 起源　2 転機　3 窮極　4 吹矢］

三【官衙】
［1 首長　2 護衛　3 役所　4 交番］

《対義語》

四【驕慢】

［1 尊敬　2 謙譲　3 丁寧　4 親切］

五【蕩尽】

［1 放蕩　2 無尽　3 濫獲　4 蓄財］

六【訥弁】

［1 活弁　2 熱弁　3 強弁　4 雄弁］

問5

一〜五の（　　）に入る言葉として最も適切なものを、1〜8の中から選んで番号で答えてください。適切なものがないときは、8を選んでください。

一　十年の間音沙汰のなかった友人と、（　　）ニューヨークで再会した。

二　あと一点取れていれば合格だったと聞かされて、（　　）残念だ。

三　そのようなことは、（　　）大臣たるものが言うべきことではない。

四　アメリカで職に就くつもりなら、（　　）この程度の英会話はできてほしい。

五　友人のとっさの機転で、（　　）窮地を脱することができた。

1 いくばくも　2 あえなくも　3 いやしくも　4 かしこくも
5 からくも　6 すくなくも　7 はしなくも　8（適切なものがない）

問6

一～五の（　）に入る言葉として最も適切なものを、1～8の中から選んで答えてください。

一　かつて（　）名声を恣にした女優が、人知れず息を引き取った。

二　支配人は、その（　）仕事ぶりをすっかり気に入ったようだ。

三　大火事から一年経ったが、町の復興は必ずしも（　）とは言えない。

四　前方に見える（　）門構えの屋敷が、妻の生家です。

五　彼の物言いはいつも（　）から、言葉どおりには受け取らないほうがいいよ。

1 いかめしい	2 いとわしい	3 おこがましい	4 かぐわしい
5 ことごとしい	6 しかつめらしい	7 はかばかしい	8 まめまめしい

問7 一～五の（　　）に入る言葉として最も適切なものを、1～8の中から選んで番号で答えてください。

一　カメラがとらえた戦場の凄惨さに、（　　）とさせられた。

二　山の中腹にある神社まで登ると、（　　）と視界が開けてきた。

三　この地では、異なる二つの文化が（　　）と融和してきたことが分かる。

四　一夜にして両親を失った少年を前にして、（　　）たる気持ちになった。

五　男は、少女の幻想的な舞踊に（　　）として見入っていた。

1 騒然　2 慄然　3 暗然　4 陶然
5 豁然　6 毅然　7 渾然　8 果然

問8

一～五のそれぞれについて、【　】に記されている二つの言葉の関係と同じ関係になる組み合わせを一つ選んで、番号で答えてください。どちらの言葉が前で、どちらの言葉が後になっているかということにも注意してください。

一【余聞―余話】
［1 発病―罹患　2 公立―市立　3 帰納―演繹］

二【巨頭―重鎮】
［1 交流―直流　2 架線―電線　3 奥義―極意］

三【漠然―瞭然】
［1 天然―自然　2 執拗―淡泊　3 鉄道―電車］

四【賢明―愚昧】
［1 平明―容易　2 水路―河川　3 暗澹―洋々］

五【挫折―蹉跌】
［1 証券―債権　2 難関―隘路　3 拡散―収斂］

問1

解答 一…3　二…3　三…2　四…2　五…1　六…1

解説

一「遊学」は、自分の家や自国を離れ、他の地に赴いて勉強や研究をすること。したがって、3「留学」が類義語。なお、「遊」は、ここでは旅をする意。1「見学」は、実際に見ることによって知識を得ること。2「篤学」は、学者の世界に身を置いてはいないが、学問に熱心な様子を表す。4「私学」は、国立・公立に対して、民間の学校法人が経営する学校。

二「改悟」は、自分の過去の悪事や過ちに気づいてそれを改めることで、3「悔悛」が類義語。1「後悔」は、事後に悔やむこと。2「悔恨」は、犯した誤りや失敗などについて、こうすべきであったなどと、悔やむこと。4「慚悔」の「慚」は、心中はずかしく思う意で、「慚悔」は、恥じて悔いること。

三「入寂」は、僧侶が死ぬこと。特に、高僧について言う。2「寂滅」が、死ぬことの婉曲表現として用いられるので、類義語。1「寂寞」は、もの寂しくて虚しさが感じられる様子。3「寂寥」は、「寂寞」と同様、心を満たすものがなく、もの寂しい様子。4「寂然」も、寂しさばかりが強く感じられる様子。

四「留鳥」は、年間を通して同じ所に生息する鳥で、季節によって移動する「渡り鳥」と同義の、2「候鳥」が対義語。1「野鳥」は、飼育される鳥に対する、野生の鳥。3「益鳥」は、害虫を餌にするなど、人間の役に立つ鳥。4「飛鳥」は、空を飛んでいる鳥。

五「跋語《ばつご》」は、書物の後書きのことで、前書きを表す、1「緒言」が対義語。2「識語《しきご》」は、写本などにその本の来歴や書写の日付、書記者などを記したもの。文献学の世界では「しご」ともいう。3「後序」は、書物の後書きで、「跋語」の類義語。4「奥付」は、書籍末尾の著者名・発行者・発行日などを記した部分。

六「懶惰《らんだ》」は、怠けていて、本来すべきことをしない様子。1「精励」が、怠けることなく勉学や仕事に励む意を表し、対義語。2「勤倹」は、一生懸命に仕事をし、無駄遣いをしないように心がけること。3「誠実」は、言動にうそ、偽りやごまかしがない様子。4「実直」は、真面目な性格で、物事に対する態度が良心的な様子。

問2

解答 一…1　二…3　三…1　四…3　五…3　六…3

解説

一「先般」は、発話の時点より多少前の時、つまり「先頃」「このあいだ」と類似した意味。1「過般」が、同じような意味を表す。2「今般」は、「このたび」「今度」と類似した意味。3「這般《しゃはん》」は、「(他の場合と異なる)このたび」の意を表し、「這般の事情」などと用いる。4「全般」は、同類のものを全体にわたって取り上げる様子を表す。

二「頭目」は、徒党を組んで悪事をたくらむ者の一番上に立つ者。3「首領」が類義語。1「猛者」は、スポーツの世界などで、体力や技術が並み外れて優れ、対戦相手から恐れられている存在。2「統帥」は、すべての軍隊を責任を持って指揮すること。4「権能」は、権利を主張し、また、行使できるように、法的に認められた力。

三「曽遊《そうゆう》」は、ある場所に以前に行ったことがあること。1「旧遊」が類義語。2「清遊」は、俗事を離れた風雅な遊び。また、相手の旅行の意の尊敬語。3「外遊」は、外国に旅行または留学すること。4「周遊」は、各地を旅行してまわること。

四「刹那《せつな》」は、仏教語で、極めて短い時間を表す語。非常に長い年月をいう、3「永劫《えいごう》」が対義語。1「一瞬」は、一回まばたきをするほどのごく短い時間の意で、「刹那」の類義語。2「巨刹《きょさつ》」は、大きな寺院。4「永訣」は、死別すること。

五「全豹」は、豹の体全体の皮の模様の意から、物事の全体の様子。3「一斑」が、豹の皮のまだら模様の一部の意から転じて、全体の一部分を表し、対義語となる。1「一抹」は、「ほんのわずか」の意。2「一如」は、現象としては異なっていても、根源においては同一であること。4「一瞥」は、何かを見ようとして、ちらっと目をやること。

六「覇道」は、仁徳によらず、武力や策略で天下を支配する政治のやり方。3「王道」が、権力や武力によらず仁徳を基として国を治めるやり方をいうので、対義語。1「天道」は、天の道理。2「仁道」は、人のふみ行うべき道。4「武道」は、武士が守るべき道、また、剣道や柔道などの武芸。

問3

解答 一…1　二…2　三…4　四…2　五…1　六…3

解説

一 「放埒」は、勝手気ままに振る舞う様子。1「放縦」が類義語。2「放生」は、捕えた鳥や魚を放してやること。3「豪放」は、度量が大きく、小事にこだわらない様子。4「追放」は、有害なものとしてその社会から追い出すこと。

二 「門客《もんかく》」の「門」はこの場合「家」の意で、「門客」は自分の家に住まわせている他人のこと。2「食客」が類義語。1「過客」は「通り過ぎて行く人」の意で、旅人のこと。3「珍客」は、思いがけず訪ねてくれた客、4「招客」は、客を招くこと、あるいは招いた客のこと。

三 「青嵐《せいらん》」は、青葉のころに吹き渡る風。若葉の香りを漂わせるような南風の意である、4「薫風」が類義語。1「旋風」は、渦巻状に巻く風、つまりつむじ風の意。2「清爽」は、空気が澄んでいるなどして、いかにも爽やかだという印象を与える様子。3「群青」は、日本画用の岩絵の具の名で、群青色は鮮やかな藍色。

四 「緻密」は、きめが細かい様子、また、細かいところまで行き届いていて手を抜いていない様子。2「粗雑」が対義語。1「荒唐」は、話や考えがとりとめのない様子。3「乱雑」は、乱れていて秩序がない様子。4「綿密」は、細かく注意が行き届いている様子で、「緻密」の類義語。

五 「瞥見」は、わずかにちらりと見ること。目をこらしてじっと見つめることをいう、1「凝視」が対義語。2「監視」は、警戒のために見張りを怠らないこと。3「一見」は、ちょっと見る意で、「瞥見」の類義語。4「管見」は、くだを通して見ることから、見識が狭いこと。自分の意見をいう謙譲語として用いられる。

六 「存置」は、組織・機関や制度などをそのまま残しておくことで、今まで継続してきた組織・機関や制度などをある時点でやめにするという意の、3「廃止」が対義語。1「禁止」は、そういうことをしてはいけないといってやめさせること。2「停止」は、動いていたものが止まること、また、止めること。4「阻止」は、自分たちが好ましくないと思う事柄の実現を、何らかの手段を講じてやめさせようとすること。

問4

解答 一…2　二…1　三…3　四…2　五…4　六…4

解説

一 「桎梏《しっこく》」は、行動の自由を奪うことで、2「束縛」が類義語。1「拘留」は、拘留場に拘置する刑罰。3「拉致」は、無理に連れて行くこと。4「拷問」は、苦痛を加えて自白を強いること。

二 「嚆矢《こうし》」は、物事の始まりで、1「起源」が類義語。2「転機」は、転換の時機。3「窮極」は、物事のきわまったところ。4「吹矢」は、筒に小さな矢を入れ、口で吹いて飛ばすもの。

三 「官衙《かんが》」は、官庁で、3「役所」が類義語。1「首長」は、集団の統率者。2「護衛」は、付き添って守る人。4「交番」は、町の要所に設けられた警察官の詰め所。

四 「驕慢《きょうまん》」は、おごり高ぶることで、「へりくだる」の2「謙譲」が対義語。1「尊敬」は、敬うこと。3「丁寧」は、心が行き届くこと。4「親切」は、人情のあついこと。

五 「蕩尽《とうじん》」は、財産などを使い果たすことで、「財産を蓄える」の4「蓄財」が対義語。1「放蕩」は、欲しいままにふるまうこと。2「無尽」は、尽きないこと。3「濫獲」は、みだりにとること。

六 「訥弁《とつべん》」は、つかえがちで、滑らかでない話し方。堂々として、説得力のある話し方の4「雄弁」が対義語。1「活弁」は、活動写真の弁士。2「熱弁」は、熱のこもった話し方。3「強弁」は、無理に言い張ること。

問5

解答 一…7　二…8　三…3　四…6　五…5

解説 ◆文脈に合った、副詞（句）を考える問題である。常套的・慣用的に特定の言葉と結び付くものも多い。

一　「思いがけず」という意味を表す、7「はしなくも（端無くも）」が適切。
二　適切なものが選択肢にはないので、8となる。「かえすがえすも（返す返すも）」などであれば適切。
三　その名にふさわしい実質を備えているべきだと期待される状況であることを表す、3「いやしくも（苟も）」が適切。
四　「最低限でも」という意味を表す、6「すくなくも（少なくも）」が適切。
五　「やっとのことで」という意味を表す、5「からくも（辛くも）」が適切。

問6

解答 一…4　二…8　三…7　四…1　五…5

解説

一　よい香りを漂わせることから、人を引き付ける様子を表す、4「かぐわしい（馨しい）」が適切。
二　労を惜しまず働く様子を表す、8「まめまめしい」が適切。
三　物事が良い方向に向かって順調に進む様子を表す、7「はかばかしい（捗々しい）」が適切。
四　威厳があって近寄りがたいような様子を表す、1「いかめしい（厳めしい）」が適切。
五　大げさな、また、もったいぶった言動をする様子を表す、5「ことごとしい（事々しい）」が適切。

問7

解答 一…2　二…5　三…7　四…3　五…4

解説 ◆「〜然」の形をとる熟語の意味を問う問題である。

一　思わず立ちすくむほど恐ろしさを感じる様子をいう、2「慄然」が適切。
二　それまで閉ざされていた視界が急に開ける様子をいう、5「豁然《かつぜん》」が適切。
三　本来異質なものがすっかり一つに溶け合って調和が保たれている様子をいう、7「渾然」が適切。
四　悲しみの気持ちや目の前が真っ暗になるような不安な気持ちが入り混じった様子をいう、3「暗然」が適切。
五　魂を奪われたかのようにうっとりとする様子をいう、4「陶然」が適切。

問8

解答 一…1　二…3　三…2　四…3　五…2

解説

一　「余聞―余話」はいずれも「こぼれ話」を意味する類義語の関係。同じ関係になるのは病気になる意の1「発病―罹患」。
二　「巨頭―重鎮」は特定の分野における大物の意。同様に類義語の関係となるのは3「奥義―極意」である。
三　「漠然」はぼんやりとして、はっきりしない様子。「瞭然」とは対義語の関係になる。同じ関係となるのは2「執拗―淡泊」。
四　「賢明」はかしこい様子で、「愚昧」はおろかな様子で対義語の関係。同様に、3「暗澹―洋々」が対義語の関係となる。
五　「挫折―蹉跌《さてつ》」はいずれもつまずく意。2「難関―隘路《あいろ》」が、物事を進める上での妨げの意であり、同様に類義語の関係。

日本語検定公式練習問題集　1級

言葉の意味

日常的な語彙をマスターしたうえで、さらに奥深い言葉の世界へと踏み込む必要があります。ふだんにはそれほど使用されない故事成語や慣用句などの成り立ちを、是非多く知ってください。そこには人間の生きざまや、政治や戦争、教育などをめぐるドラマが数多く秘められています。それを知ることによって、特殊な語彙や諺などがすんなりと頭に入ることでしょう。機械的に暗記しようとしても、類似している他の言葉と混同してしまい、間違える可能性があります。しかし、由来を知ればそのような可能性は低くなりますし、そのうえ、見たことはあるものの、読み方が分からないという言葉もなくなります。辞典などを読み込んで、是非それらを理解してください。

問1

一～四のようなことを言うとき、（　　）に入る言葉として最も適切なものを選んで、番号で答えてください。

一　名曲の調べに彼女は（　　）とした表情を浮かべていた。
［1釈然　2灼然　3粛然　4陶然］

二　彼が根も葉もない噂を流したという（　　）たる証拠をつかんだ。
［1慨然　2画然　3間然　4確然］

三　党首にはならないものの、彼は裏から（　　）たる影響力を行使している。
［1顕然　2暗然　3隠然　4温然］

四　亡くなった恩師の言葉が、今でも（　　）に残っている。
［1耳朶　2耳介　3内耳　4耳殻］

問2

一〜四のようなことを言うとき、（　　　）に入る言葉として最も適切なものを選んで、番号で答えてください。

一　うちの部長は、部下の諫言など一向に意に（　　　）頑迷な人だ。
［1 汲まない　2 かけない　3 介さない　4 置かない］

二　体調が悪いのか、彼のプレーは日ごろの精彩を（　　　）いる。
［1 減じて　2 欠いて　3 損なって　4 ゆるめて］

三　責任を逃れようとして、彼は知らぬ顔の半兵衛を（　　　）いた。
［1 打って　2 済まして　3 取り繕って　4 決めこんで］

四　博識ぶってあれこれ（　　　）を並べるのがあの人の悪い癖だ。
［1 御託　2 蘊蓄　3 口上　4 題目］

問3

次の会話は、学会の年次大会の幹事役間で交わされたものです。ア～オの（　）に入る、最も適切な言葉を選んで、番号で答えてください。

【A】大阪までご苦労様。野村先生は快く講演を引き受けてくださったかね。

【B】いや、それが（　ア　）に相違して、人目につくことは嫌いだとか、今の若い人には、何を話しても（　イ　）だからとかおっしゃって、始めのうちは（　ウ　）応対だったよ。

【A】そうか、それは弱ったね。何としてもお願いしたいのに。

【B】ところが、会の顧問の三宅先生からも、是非にとお薦めがあったと話したら、若い時三宅先生（　エ　）、今の自分があるのだとおっしゃり、そう無下に断るわけにもいかないなと考え込んでいらっしゃったよ。

【A】そうか。じゃ、まだ（　オ　）があると思ってよさそうだね。

ア……1 計
2 案
3 意
4 実

イ……1 馬の鼻に人参
2 馬の耳に念仏
3 馬の骨
4 馬耳東風

ウ……1 けんもほろろの
2 木に竹を接いだような
3 一たまりもない
4 及びもつかない

エ……1 と抜きつ抜かれつしつつ
2 に後棒を担いでいただき
3 の知遇を得て
4 とは知己の間柄になり

オ……1 運
2 脈
3 策
4 気

問4

次の文の――部分の使い方は適切でしょうか。適切な場合には○、不適切な場合には×で答えてください。

一　あれほどの名監督でも敗退することがあるとはね、鬼の霍乱だ。

二　念願のマイホームが欠陥住宅と判明し、不遇をかこうこととなった。

三　その大学教授の氏名は、専門分野ではつとに知られている。

四　戦争のため徴兵され、あたら若き命を散らした。

五　会社が倒産して以来、友人はいつもそそけた顔をしている。

六　そこまで懇願されてはしかたがない、引き受けるのもやぶさかではないね。

七　巨大地震が発生し、あまつさえ大津波まで町を襲った。

八　両親のいない孫の将来を考えあぐね、夜も眠れない。

九　彼女は何と純粋でいじましい心の持ち主だろう。まるで天使のようだ。

十　いやしくも学校長なのだから、周囲の模範とならなければならない。

敬語
文法（文法の基本）
語彙
言葉の意味
表記
漢字
総合問題

問5 一～四の【　】の言葉を最も適切に使っているのはどの文でしょうか。番号で答えてください。

一【遊説】
1 根も葉もない遊説に惑わされて、避難騒ぎが起こった。
2 新党を立ち上げた彼は、精力的に遊説を行っている。
3 あの論文は論理的に無理があり、所詮遊説に過ぎない。

二【諫言】
1 諫言に釣られて高利の金を借り、にっちもさっちもいかなくなった。
2 事実無根の諫言を信じた社長に叱責された。
3 彼は、部下の諫言に率直に耳を傾ける度量をもっている。

三【いぎたない】
1 朝九時を過ぎたのに、妻は部屋でいぎたなく眠っている。
2 子どもには、いぎたない食べ方をするなとよく注意している。
3 若い男の一人暮らしだから、いぎたない部屋を想像していたが、実際見てみると全く違った。

四【碩学】
1 儒学は、近世の知識人にとっては必須の碩学であった。
2 この分野の碩学が最後に著した本が、世界中で話題を呼んでいる。
3 天文学と物理学は、碩学の関係にあると言える。

問6 一〜四の【　】の言葉を最も適切に使っているのはどの文でしょうか。番号で答えてください。

一【剽窃】
1 家を留守にしている間に剽窃に遭ったと、警察に届け出る。
2 新人賞をとったばかりの作家に剽窃の疑いがかかる。
3 その画家は、すべての芸術は自然の剽窃から始まるとうそぶいた。

二【沽券】
1 部下に侮られるようでは、上役の沽券にかかわる。
2 沽券の付いた、古九谷の壺を手に入れることができた。
3 子どもに莫大な遺産を残して、親としての沽券を施した。

三【余殃】
1 悪逆非道の限りを尽くした先祖の余殃か、不幸なことばかりが続く。
2 二十年経った今もなお、戦争の余殃がこの地域には色濃く残っている。
3 十分な余殃を残して行動計画を立てるようにしなければいけない。

四【破鏡】
1 相手が不慮の事故で死亡し、彼女の結婚話は破鏡に至った。
2 国際結婚をした二人は戦争で敵対国どうしとなり、破鏡の憂き目に遭うことになった。
3 引っ越しのときに、三面鏡の一面が破鏡を起こしてしまった。

問7 一〜四の【　】の言葉を最も適切に使っているのはどの文でしょうか。番号で答えてください。

一【傲岸】
1 彼のような傲岸な人は、いざというときの頼りにはならない。
2 あの人は傲岸で、先輩の忠告などどこ吹く風だ。
3 父は何事にも慎重すぎて、傲岸だと評されている。

二【巷間】
1 若手人気歌手の奇矯な言動が、巷間の格好の話題となっている。
2 上京したばかりの青年が、巷間をもの珍しげに歩いている。
3 一人暮らしなので、三食とも巷間で済ませてしまうことが多い。

三【使嗾】
1 あの男が会員を使嗾して、悪徳商法を広めていったことは疑いない。
2 社長は常日頃、社員を適材適所で使嗾するように心がけているそうだ。
3 君が的確に使嗾すれば、彼はきちんと職務を果たすよ。

四【衣鉢】
1 粗末な衣鉢を身にまとって、諸国行脚をする。
2 師の衣鉢を継いで、学問の道に精進し続ける。
3 弟子に多くの貴重な衣鉢を残して、出家する。

問1

解答 一…4　二…4　三…3　四…1

解説

一「名曲の調べに彼女は」とあるため、4「陶然」が適切である。気持ちよくうっとりとする様子を指す。1「釈然」は心の打ち解ける様子、あるいは、疑いなどの解ける様子を言う。2「灼然」は輝く様子や、明らかで著しい様子を言う。3「粛然」は、厳かな様子やかしこまる様子、あるいは、静かな様子である。

二「証拠」と繋がるため、4「確然」が適切である。物事が確かでしっかりと定まっている様子を言う。1「慨然」は、憤り嘆く様子や、気力を奮い起こす様子である。2「画然」は、はっきりと区別がついている様子である。3「間然」は、非難すべき欠点のある様子である。

三「党首」ではないが、強い「影響力」があるということで、3「隠然」が適切である。表面にはっきり現れないが、勢いや重みのある様子を言う。対義語は1「顕然」であり、はっきりとしている様子、著しく明らかな様子を言う。2「暗然」は、悲しくて心のふさぐ様子である。4「温然」は、穏やかで優しい様子を言う。

四　1「耳朶」が適切である。「じだ」と読む。耳たぶ、あるいは耳のことである。「耳朶に残る」は、耳に残っている、つまり、よく覚えているという意味となる。なお、「耳朶に触れる」の場合は、聞き及ぶという意味となる。2「耳介」、4「耳殻」はともに外耳の一部であり、耳の入口に突き出た貝殻形の器官である。3「内耳」は耳の最深部である。

問2

解答 一…3　二…2　三…4　四…1

解説

一　他人の言などを全く気にかけないことを、3「（意に）介さない」という。他人の意向などを斟酌する、また、斟酌しないの意なら「意を汲む／意を汲まない」である。2「（意に）かけない」、4「（意に）置かない」という表現は一般に用いられない。

二　日ごろの精彩が認められない状態にある様子を、2「（精彩を）欠いて（いる）」という。1「（精彩を）滅じて（いる）」、3「（精彩を）損なって（いる）」、4「（精彩を）ゆるめて（いる）」といった表現は用いられない。

三　「自分はまったく無関係で何も知らない」といった態度を押し通そうとする様子を、4「（知らぬ顔の半兵衛を）決めこんで（いる）」という。1・2・3のように、「（知らぬ顔の半兵衛を）打つ／済ます／取り繕う」と用いられることはない。

四　相手の迷惑などは気にせず、一方的に自分勝手な理屈を次から次へと並べ立てることを、1「御託（を並べる）」という。「御託」は、神仏のご託宣の意。2「蘊蓄」は、多く「蘊蓄を傾ける」の形で、日ごろ蓄えた知識を披露する意を表す。3「口上」や4「題目」を並べることは、文頭の「博識ぶって」となじまない。

問3

解答　ア…2　イ…2　ウ…1　エ…3　オ…2

解説　◆ある状況や事態を端的に表すのに用いられる慣用句などの的確な用法を問う問題である。必ずしも日常的に用いられているわけではないので、折にふれて、意味・用法を正しく把握しておくように心掛けたい。

ア　こうなって欲しいという期待を込めた予想と反する結果になった様子を、「案に相違して」という。したがって、2が適切。1・3・4は、「〜に相違して」の形では一般に用いられない。

イ　相手に人の話すことを理解する能力がなければ、どんなに良い話をしても無意味だ、ということで、2「馬の耳に念仏」が適切。1「馬の鼻に人参」は、人参が馬の好物であるということから、目先に相手が欲しがるものをちらつかせて、意のままに操ろうとする様子を表す。3「馬の骨」は、「どこの馬の骨かわからない」といった形で、氏・素姓が分からない人間だと、人を侮蔑する表現。4「馬耳東風」は、人の意見や批評などを気にもとめずに聞き流す様子。

ウ　野村先生の冷たい応対、つまり、こちらの頼みなどを全く聞こうとする気がないように感じられる様子を表すことから、1「けんもほろろの」が適切。2「木に竹を接いだような」は、前後のつじつまが合わない、また、組み合わせるものとの調和がとれない様子。3「一たまりもない」は、強い力を加えれば、あっという間に駄目になる様子。4「及びもつかない」は、

エ　相手との力が違い過ぎて、張り合おうとしても到底かなわない様子。

オ　「今の自分があるのだ」ということから、三宅先生から何らかの恩恵に類する扱いを受けたことが推測される。立場が上の人から才能や見識を認められて、出入りを許される意を表す、3の「知遇を得る」が適切。1の「抜きつ抜かれつする」は、ライバルとして競い合う様子。2の「後棒を担ぐ」は、事の是非も考えずに、首謀者のすることに追随する様子。4の「知己の間柄になる」は、互いに気心の知れた関係になる様子。

引き受けてもらえる可能性がなくなったわけではないということで、期待通りの結果が得られる見込みが多少なりともあると思われる様子を表す、2「脈（がある）」が適切。1・3・4の「運（がある）」、「策（がある）」、「気（がある）」は、会話の流れにそぐわない。

問4

解答　一…×　二…×　三…○　四…○　五…×　六…×　七…○　八…○　九…×　十…○

解説

一　「霍乱《かくらん》」は、日射病や急病を指す。「鬼の霍乱」で、強靱で病気などしそうにない人が病気にかかることを表す表現となる。そのため、「敗退する」には不適切である。

二　「不遇をかこつ」が正しい表記であり、「かこう」は誤用である。「かこつ」は、心が満たされず愚痴をこぼす、嘆くという意味の動詞である。

三　「つとに」は、ずっと以前から、早くから、という意味の副詞である。

四　「あたら」は、価値のあるものなのに惜しいという意味の副詞である。慨嘆の思いが込められる。

五　「そそける」は、髪の毛などがほつれて乱れる、布や紙などがけばだつという意味である。表情を表す際に用いるのは不適切である。

六　「やぶさか」は、「やぶさかではない」という表現で使われることが多い。その場合、「……する努力を惜しまない」「喜んで……する」という意味となる。この文脈の場合、「しかたがない」とあるため、不適切である。

七「あまつさえ」は、そのうえ、おまけに、という意味の副詞である。好ましくない事柄が累加する場合に用いられる。「あまりさえ」から「あまっさえ」へ、そして「あまつさえ」と転じた言葉である。

八「あぐねる」は、努力しても物事が思い通りに進まず困るという意味である。現在では、「考えあぐねる」「探しあぐねる」のように、動詞の連用形に付随することが多い。

九「いじましい」は、考えや度量が狭く、細かなことにこだわっているさまを指す形容詞である。否定的にとらえる表現であるため、「純粋」「まるで天使のよう」には適切ではない。この文脈の場合、「いじらしい」が当てはまる。

十「いやしくも」は、かりにも、かりそめにも、という意味の副詞である。

問5

解答 一…2　二…3　三…1　四…2

解説 ◆語の適切な用法を問う問題である。理解面では、文脈に依存した解釈で何とか済ませていても、表現面に応用するとなると、適切に用いることのできない語は意外に多い。日頃から辞書に当たるなりして、意味・用法を的確に把握しておくように心がけたい。

一「遊説」は、政見などを多くの人々に聴いてもらおうと、各地に演説に出向くこと。「遊」は、ここでは「旅をする」意。2が適切。1は「流言」、3は「妄説」とでも言うべきもの。

二「諫言《かんげん》」は、上の立場にある人に対して、いさめること、また、その言葉の意。3が適切。1は「甘言」、2は「讒言《ざんげん》」がふさわしい。

三「いぎたない」は、目を覚ましてもよい時になっても眠っている状態や、寝ているかっこうがだらしない様子を表す。1が適切。2は「汚い」とか、「意地汚い」、3は「薄汚い」といったところか。

四「碩学《せきがく》」は、専門とする学問について、その蘊奥を極めた学者の意。2が適切。「碩学」には1・3のような用法はない。

問6

解答 一…2　二…1　三…1　四…2

解説

一　「剽窃」は、他人の著作物の一部を、あたかも自分のオリジナルの著作であるかのように装って引用すること。いわば、「盗作」。2が適切。1は「窃盗」、3は「模倣」とすべきもの。

二　「沽券《こけん》」は、土地や家屋を売買するときに、買い手側に渡す証文の古い言い方。今では、一般に慣用句「沽券にかかわる」の形で、人前で名誉や面目が保てるかどうかにかかわる、の意を表す。したがって、1が適切。2は、「鑑定書」の意で、「折り紙」などの言い方がある。3は、「面目」というべきところである。

三　「余殃《よおう》」は、先祖の行った悪行の報いとして、子孫に及ぶ災難、の意。1が適切。対義語は「余慶」。2は「余燼」、3は「余裕」などがふさわしい。

四　「破鏡」は、一時的に別れなければならなくなった夫婦が、後日の証拠とするために、一枚の鏡を二つに割って、その一方ずつを持ったという故事から、夫婦の離別を指す。したがって、2が適切。1は、「婚約解消」「破談」などというところか。3は、単に「割れてしまった」が自然な表現。古くは鏡が割れる意にも用いられたが、「破鏡を起こす」とはいわない。

問7

解答 一…2　二…1　三…1　四…2

解説

一　「傲岸」は、自分をだれよりも偉い人間だと思い込んで、言動に謙虚さが著しく欠ける様子を表す。「傲岸不遜」の形でもよく用いられる。「岸」は、ここでは他と和することがない意を表す。2が適切。1・3は文意に合わない。

二　「巷間」は世間、特に、下世話なことに興味を抱いて、好んで話題にしたがる人々の世界を指す。1が適切。2は「街中」、3は「外食」と言うところか。

三　「使嗾《しそう》」は、悪事などをそそのかすこと。1が適切。2・3は「使用」とでもすべきか。

四　「衣鉢《いはつ》」は、仏教で法を伝える証しとして、師の僧から弟子に伝える袈裟と鉢の意。一般に慣用句「衣鉢を継ぐ」「衣鉢を伝える」の形で、前者は、師からその道の奥義を受け継ぐこと、後者は、師が究めた学問や技芸を弟子に伝えることを表す。したがって、2が適切。1は「衣服」とでもいうところか。3は、文脈によって、文献・資料・教えなど、多様な表現が推測される。

表記

日本語検定公式練習問題集　1級

表記に関する力を身につけるためには、できるだけ多くの文章に接することです。また、特定のものに偏ることなくさまざまなジャンルの文章や、やや難しいと感じる文章を読み、分からない表現や疑わしい表記に直面した際に、積極的に辞書を引いたり、調べたりする努力をするとよいでしょう。試験対策としては、内閣告示の「送り仮名の付け方」「現代仮名遣い」「常用漢字表」などを確認しておく必要があります。また、語例の中でも特に例外にあたる箇所を重点的に覚えておきましょう。身近にある新聞や雑誌を活用することも大切ですが、人との会話や文章を書く際など、表現や表記に注意しなければならないさまざまな場面において、自ら考えて実践してみることも重要です。

問1

一〜六の文の――部分の表記で不適切なものを全て選んで、番号で答えてください（答えが複数の場合もあります）。

一

1 はがきに押された消し印。
2 雨上りの道には、水たまりがいっぱい。
3 関取たちが、土俵を取り囲む。
4 悲しみを作笑いでごまかす。

二

1 北国から桜の花便が届いた。
2 楽しみにしていた映画が、封切になった。
3 博多織の帯は豪華だ。
4 踏切は注意して渡ってください。

三

1 私の顔がテレビで大写になった。
2 取締役として経営に責任を持つ。
3 外交ではお互いの歩寄りが必要だ。
4 不況で暮し向きは良くならない。

四

1 たき火が飛火して、山火事になった。
2 購入を検討するので、見積書をください。
3 春慶塗は秋田の名産品です。
4 正装で羽織りとはかまを着る。

五

1　世の中の移り変りは激しい。

2　仕事の合い間をぬって駆け付ける。

3　頭取に直接面会を申し入れた。

4　資産家で、多くの貸し家を持っている。

六

1　水引の付いたお祝いを差し出す。

2　巻き紙に筆で便りを書いた。

3　時間が経って、有難みが薄れる。

4　仕立て屋で結婚式の衣装をあつらえる。

問2

次の文は、レポートの課題として「江戸期の歌舞伎」について調べたことの一部を列挙したものですが、漢字表記の点でかなりの誤りがありました。ア〜トの——部分の表記が適切である場合には○を、適切でない場合には×を解答欄に記入してください。なお、ここでは漢字表記の誤りのみを対象として、送り仮名については対象としません。また、記述内容の真偽や是非についても問題としません。

- 歌舞伎は出雲の阿国が演じた芝居を（ア）稿矢とする。
- （イ）風記を乱すという理由で女性は出演させず、女形が生まれた。
- 概して役者の地位は高くなかったが、人気役者は（ウ）羨望の的であった。
- （エ）奢侈な生活にうつつを抜かした人気役者が、江戸から追放されることもあった。
- 当時の（オ）白粉には鉛が入っていたため、鉛毒に苦しめられる役者も多くいた。
- 芝居のなかには当時話題になった出来事を取り入れたものも多く、情報伝達（カ）器官としての役割も果たしていた。
- 幕府の怒りを買わぬよう、芝居の時代背景を別の時代に（キ）仮託することも多かった。
- 歌舞伎の演目は、現代のように時代（ク）考証が十分行われていたわけではなかった。
- 幕末になると世情の乱れから（ケ）頽背的な芝居が多く上演された。
- それぞれの家の芸は（コ）口伝されたため、現在では演目名のみが残り内容のはっきりしないものがある。
- 歌舞伎役者の芸名は世襲で、現在まで（サ）連面と受け継がれている名跡もある。

- 人気役者や演目の浮世絵が、当時の（シ）巨匠によって描かれている。
- 日の出から日没まで上演していたため、歌舞伎見物は一日がかりの（ス）誤楽であった。
- 観客は上演中も酒食を楽しみながら、芝居を（セ）担能した。
- 歌舞伎の上演に（ソ）付髄する音楽は、大きく長唄と義太夫に分けられる。
- 歌舞伎の効果音は下座音楽と呼ばれ、（タ）御簾の中で演奏された下座音楽は、歌舞伎の演出効果を高めた。
- 歌舞伎役者が考案した文様の入った（チ）浴衣や手ぬぐいが、庶民の間でも流行した。
- 廻り舞台、花道などの舞台装置は、歌舞伎から（ツ）発床した。
- 「見得を切る」「二枚目」など、歌舞伎を（テ）語源とする言葉が今もかなり残っている。
- 江戸時代後期には、梨園の（ト）消息が社会一般の関心を集めるようになった。

問3

次の文は、レポートの課題として江戸時代について調べたことの一部を列挙したものですが、漢字表記の点でかなりの誤りがありました。ア〜トの――部分の表記が適切である場合には○を、適切でない場合には×を解答欄に記入してください。なお、ここでは漢字表記の誤りのみを対象として、送り仮名については対象としません。また、記述内容の真偽や是非についても問題としません。

- 江戸の町人のなかには、ア棟割長屋に住む者も多かった。
- 参勤交代により、各藩の大名は、イ漫性的な財政窮乏に追いこまれた。
- 老中に代わって、側用人が幕府をウ牛耳った時期もあった。
- 島原の乱では、多くのキリスト教徒がエ巡教した。
- 生類憐みの令を出した将軍綱吉は、犬公方とオ揶喩された。
- 宿場には本陣を初めカ木賃宿に至るまで、多くの宿泊施設が建ち並んでいた。
- キ庶民の子弟は、寺子屋で読み書きを習うことが多かった。
- 武士が新たに築城することは、ク法渡で禁じられていた。
- いわゆるケ団家制度が確立し、仏教が実質的に国教化された。
- 元禄時代には、浮世草子や浄瑠璃などの町人文化がコ上方を中心に花開いた。
- 市川団十郎など歌舞伎の名優に、多くのサ贔屓がついた。
- 浮世絵師は、和装本のシ差絵や表紙の仕事も請け負っていた。
- 武士には、ス仇討を行うことが許されていた。

● 江戸と大坂の間で活発に商取引が行われ、セ為替制度が発達した。

● 主に米の価格を調整することを目的として、たびたび貨幣のソ改抽が行われた。

● 田沼時代には、役人へのタ増賄が横行したといわれる。

● 天明期、天保期などに大きなチ飢饉が発生した。

● 農業の発達はめざましく、農業経営のツ集約化と多角化が進んだ。

● 幕末には、尊王派、テ譲夷派、佐幕派などが入り乱れることになった。

● 戊辰戦争を契機に徳川政権はト瓦壊し、薩長中心の新政権が成立した。

問4

次の文は、「『お茶』という言葉から想起される事柄を二十～四十字程度で述べよ」という課題に対する回答の一部を列挙したものですが、漢字表記の点でかなりの誤りがありました。［　］から直すべき語句を全て選んで、番号で答えてください。なお、ここでは漢字表記の誤りのみを対象として、仮名遣い・送り仮名については対象としません。また、記述内容の真偽や是非についても問題としません。

- 急須を買うときは，いっしょに使う茶漉しにも気を配ったほうがいい。
- 山間部で作るお茶には独特の香りがあり，平野部で作るお茶には濃厚な地味があるとされている。
- 現代では，茶葉を摘む作業は一般に機械で行われており，手作業で行うことは少ない。
- お茶の成分であるカフェインには，覚醒作用や疲労快復効果がある。
- 茶を焙じるにあたっては，茶葉が焦げないよう気をつけながら，一様に渇色になるよう心がける。
- ティーバッグの起源については諸説粉粉としており，いつ誰が作ったのかが明らかになっていない。
- 緑茶，紅茶，中国茶などはいずれも茶の木から生産されるが，茶葉の醗酵の度合いに違いがある。
- お茶に含まれるカテキンには，抗癌作用や抗菌作用がある。
- 壊石料理は，一汁三菜（汁となます，煮物，焼き物）が基本である。
- ハーブティーは，カモミールやペパーミントなどの香草を仙じた飲み物である。
- 日本人が老いても健康でいる秘決は，緑茶をよく飲むことだという人がいる。
- イギリスでは，お茶請けとしてスコーンやクッキーが出される。
- 玉露は，わらやよしずで日覆いして育てた茶葉を使って作る。
- 静岡県の牧ノ原は，明治初期の士族による開墾以降，開発が進められ全国有数の茶園となった。
- インドやスリランカでは，大規模農園で茶の栽培，生産が行われている。
- 室町時代の茶人・村田珠光は，詫び茶の祖とされている。
- お茶をおいしく入れるポイントは，湯の温度と浸出時間にある。
- 茶畑が広がる土地というのは，風光明媚で観光にも適している。
- お茶は，たばこや酒などとともに嗜好品といわれるが，栄養面での効能も期待できる。
- 茶筅と底の深い茶碗があれば，家庭でも手軽に抹茶をたてることができる。

1 急須	2 地味	3 摘む	4 疲労快復
5 渇色	6 諸説粉粉	7 醗酵	8 抗菌作用
9 壊石料理	10 仙じた	11 秘決	12 お茶請け
13 日覆い	14 開墾	15 裁培	16 詫び茶
17 浸出	18 風光明媚	19 嗜好品	20 茶碗

問5

次の文は、「『日本の歴史』という言葉から想起される事柄を二十〜四十字程度で述べよ」という課題に対する回答の一部を列挙したものですが、漢字表記の点でかなりの誤りがありました。［　］から直すべき語句を全て選んで、番号で答えてください。なお、ここでは漢字表記の誤りのみを対象として、仮名遣い・送り仮名については対象としません。また、記述内容の真偽や是非についても問題としません。

- 大化の改新を機に，天皇制の礎が築かれた。
- 徳川幕府の崩壊は，財政の破綻にも一因がある。
- 摂関政治の時代に，武士が政治を左右する力を得た。
- 仏教と神道は明確には分けられておらず，いわゆる神仏習合は珍しいことではなかった。
- 明治政府は，詭弱な軍事力を強大化することに力を注いだ。
- 古噴時代の遺跡には，歴史へのロマンがかきたてられるものがある。
- 太平洋戦争は，沖縄に大きな傷跡を残した。
- 夏目漱石と森鷗外は明治期を代表する文豪である。
- 1868年，京都の二条城において王制復古の号令が発せられた。
- 『古事記』と『日本書紀』は，日本の歴史を知るうえで貴重な史料である。
- 浄土宗は，日本に起源の求められる仏教の宗波である。
- 金閣寺を創建した足利義満は，北山文化の発展に大きく貢献した。
- 松尾芭蕉は排諧の世界に革新を起こした。
- 寺子屋で行われた，読み・書き・算板を中心とする学習は，庶民教育の普及に大きな役割を果たした。
- 江戸時代の参勤交代制は，地方の諸藩に大きな経済的圧迫を与えた。
- 大久保利通は，中央集権の確固たる国家体勢を構築することに専ら努めた。
- 平成時代を迎え，国際化社会に対応するための人材養成が焦眉の急とされている。
- 平泉には，奥州藤原氏の繁栄を偲ばせる中尊寺がある。
- 905年に，初の勅選和歌集として，『古今和歌集』が編纂された。
- 金沢などの城下町には，今も往時を髣髴させる遺構が数多く残っている。

1 礎	2 破綻	3 摂関政治	4 神仏習合
5 詭弱	6 古噴時代	7 傷跡	8 文豪
9 王制復古	10 史料	11 宗波	12 創建
13 排諧	14 算板	15 諸藩	16 国家体勢
17 人材養成	18 偲ばせる	19 勅選和歌集	20 髣髴

問1

解答 一…1・4　二…1　三…1・3　四…4　五…2・4　六…2・4

解説 ◆内閣告示「送り仮名の付け方」は、「複合の語」の送り仮名について次のように定めている。

通則6　本則　複合の語（通則7を適用する語を除く。）の送り仮名は、その複合の語を書き表す漢字の、それぞれの音訓を用いた単独の語の送り仮名の付け方による。

許容　読み間違えるおそれのない場合は、次の（　）の中に示すように、送り仮名を省くことができる。（「書き抜く（書抜く）」など、28語を例示）

通則7　本則　複合の語のうち、次のような名詞は慣用に従って、送り仮名を付けない。

（1）特定の領域の語で、慣用が固定していると認められるもの。（3項目に分け、「関取」など48語を例示）

（2）一般に、慣用が固定していると認められるもの。（「奥書」など、38語を例示）

一の2、二の2、三の4、四の1、五の1、六の3は、通則6「許容」で「読み違えるおそれがない」として例示されている。一の3、二の3・4、三の2、四の2・3、五の3は通則7（1）で、六の1は（2）で例示されている語で、やはり適切な表記。それ以外は、不適切な表記。

一の4は通則6の本則で「作り笑い」が適切。一の1は通則7（1）の語で「消印」が適切。二の1も同じく「花便り」、三の1は「大写し」、3も「歩み寄り」が適切。四の4は通則7（2）の語で「羽織」が適切。五の2も同じく「合間」、4も「貸家」、六の2も「巻紙」、4も「仕立屋」が適切。

問2

解答 ア…×　イ…×　ウ…○　エ…○　オ…○　カ…×　キ…○　ク…○　ケ…×　コ…○　サ…×

シ…○　ス…×　セ…×　ソ…×　タ…○　チ…○　ツ…×　テ…○　ト…○

解説 ◆漢字表記の誤りを指摘する問題である。文脈に合った適切な漢字の用法を身につけるようにしたい。

ア 「嚆矢」が正しい。 イ 「風紀」が正しい。 ウ 正しい表記。 エ 正しい表記。 オ 正しい表記。
カ 「機関」が正しい。 キ 正しい表記。 ク 正しい表記。 ケ 「退廃」あるいは「頽廃」が正しい。
コ 正しい表記。 サ 「連綿」が正しい。 シ 正しい表記。 ス 「娯楽」が正しい。 セ 「堪能」が正しい。
ソ 「付随」あるいは「附随」が正しい。 タ 正しい表記。 チ 正しい表記。 ツ 「発祥」が正しい。
テ 正しい表記。「語原」とも書く。 ト 正しい表記。

問3

解答 ア…○ イ…× ウ…○ エ…× オ…× カ…○ キ…○ ク…× ケ…× コ…○ サ…○
シ…× ス…○ セ…○ ソ…× タ…× チ…○ ツ…○ テ…× ト…×

解説
ア 正しい表記。 イ 「慢性的」が正しい。 ウ 正しい表記。 エ 「殉教」が正しい。 オ 「揶揄」が正しい。
カ 正しい表記。 キ 正しい表記。 ク 「法度」が正しい。幕府などによって出された法令のこと。
ケ 「檀家」が正しい。「壇家」とも書く。 コ 正しい表記。 サ 正しい表記。 シ 「挿絵」が正しい。 ス 正しい表記。
セ 正しい表記。 ソ 「改鋳」が正しい。 タ 「贈賄」が正しい。 チ 正しい表記。 ツ 正しい表記。
テ 「攘夷」が正しい。 ト 「瓦解」が正しい。

問4

解答 2・4・5・6・9・10・11・15・16

解説

2 地味…ゆっくりと味わって分かる、深い味の意で正しくは「滋味」。

4 疲労快復…疲労が取れて、元気を取り戻す意で、「疲労回復」が正しい。

5 渇色…黒みを帯びた茶色の意で、「褐色」が正しい。

6 諸説粉粉…どの説が正しいともなく、諸説が飛び交っている意で、「諸説紛紛」が正しい。

9 壊石料理…茶会の席で客に出す料理に由来する語で、正しくは「懐石料理」。

10 仙じた…薬草やハーブを煮て、成分を浸出させる意で、「煎じた」が正しい。

11 秘決…物事を目的どおりに行うための、特別にうまい方法の意で、正しくは「秘訣」。

15 栽培…植物を育てる意で、「栽培」が正しい。

16 詑び茶…質素で落ち着いた趣を旨とする茶の湯の精神を表す語で、正しくは「侘び茶」。

問5

解答 2・5・6・9・11・13・14・16・19

解説

2 破錠…破損や綻びが広がり、修復不能な状態になる意で、正しくは「破綻」。

5 詭弱…基礎的な部分がもろくて壊れやすい意で、「脆弱」が正しい。「詭」は偽る、だます意で、「詭弁」「詭計」などの熟語がある。

6 古噴時代…「古墳時代」が正しい。「噴」は「噴火」「噴出」など、吹き出す意。

9 王制復古…正しくは「王政復古」。意味の面からは「王制復古」でもよさそうだが、天皇親政が復活する意で、一般にこの表記が用いられる。

11 宗波…その宗教の中での分派の意で、正しくは「宗派」。

13 排諧…松尾芭蕉に代表される伝統文芸で、「俳諧」または「誹諧」。

14 算板…「算盤」が正しい。

16 国家体勢…国家の政治構造の意であるから、「国家体制」が正しい。

19 勅選和歌集…勅命によって編纂された和歌集の意であるから、「編纂する」意の「撰」を用い、「勅撰和歌集」とするのが正しい。

敬語

文法(言葉のきまり)

語彙

言葉の意味

表記

漢字

総合問題

日本語検定公式練習問題集　1級

漢字

漢字領域の知識の拡充のためには、できるだけ多くの文章に接すること、また、特定のものに偏ることなくさまざまなジャンルの文章や、やや難しいと感じる文章を読み、分からない漢字に直面した際に、積極的に国語辞典や漢和辞典を引いたり、インターネットで調べたりする努力をするとよいでしょう。身近にある新聞や雑誌を活用し漢字に慣れることも大切ですが、人との会話やテレビ・ラジオなど、さまざまな場面において、アンテナを張りめぐらせ、音声を聞いてそれを漢字に変換する訓練を行うことも重要です。受検対策としては、漢字の書き取り問題もありますので、とめ、はね、はらい等に注意しながら、漢字を丁寧に書く練習をしておきましょう。

問1

漢字「真」は、「真〜」「〜真」のような漢語の熟語の形をとると、種々の意味を添えることができます。一〜七の文の（　　）に入る漢字として最も適切なものを1〜12から選ぶとともに、その熟語が「真〜」となる場合はAを、「〜真」となる場合はBを選んで記入してください。なお、同じ番号は一回しか使えないこととします。

一　さまざまな噂が飛び交っているので、彼の発言の（　　）を確かめる必要があるようだ。

二　彼女はまだ新人ではあるが、皆の前で（　　）の演技を披露してくれた。

三　今度の学会では、（　　）な態度で研究発表に臨んでほしい。

四　新作狂言会で、人間国宝の芸の（　　）を味わった。

五　先月発見されたダ・ヴィンチの絵の（　　）を専門家に鑑定してもらった。

六　主人公の少年の汚れのない（　　）な気持ちが、見る人の胸を打つ。

七　経済状況の厳しいこの時代だからこそ、政権の（　　）が問われる。

1 髄	2 偽	3 草	4 贋	5 純	6 摯
7 価	8 木	9 迫	10 名	11 直	12 保

問2

漢字「案」は、「案〜」「〜案」のような漢語の熟語の形をとると、「これからしようと思うことについての考え」という意味をはじめ、種々の意味を表すことができます。一〜七の文の（　　）に入る漢字として最も適切なものを1〜12から選ぶとともに、その熟語が「案〜」となる場合はAを、「〜案」となる場合はBを選んで記入してください。なお、同じ番号は一回しか使えないこととします。

一　八方ふさがりで、どうやって事態を収拾したものかと（　　）にくれる。

二　この件が緊急の課題であることは、御（　　）のとおりであります。

三　急いで仕上げた（　　）を念入りに推敲して、不備・不足のないものにする。

四　今日の会議は（　　）が多く、かなり時間がかかりそうだ。

五　社長宛ての手紙には、宛名の脇に（　　）と書き添えてあった。

六　（　　）にすぎないとは思いますが、私の意見を述べさせてください。

七　この作品は、江戸時代の古典を（　　）して現代劇にしたものです。

1 出	2 分	3 愚	4 草	5 件	6 腹
7 名	8 翻	9 思	10 内	11 下	12 外

問3

【　】の漢字を使った1～4の言葉の中に、その漢字が、他の三つとは異なった意味で使われているものが一つあります。その言葉を番号で答えてください。

一【音】
［1 音信　2 福音　3 和音　4 疎音］

二【執】
［1 固執　2 執刀　3 執筆　4 執政］

三【面】
［1 面責　2 面皮　3 面談　4 面会］

四【往】
［1 往来　2 往年　3 既往　4 往古］

問4

【　】の漢字を使った1～4の言葉の中に、その漢字が、他の三つとは異なった意味で使われているものが一つあります。その言葉を番号で答えてください。

一【経】［1 経歴　2 経過　3 経験　4 経国］

二【任】［1 任命　2 自任　3 任意　4 再任］

三【辺】［1 辺境　2 身辺　3 辺地　4 辺鄙］

四【散】［1 散乱　2 散在　3 分散　4 散策］

問5 一～四について、【　】に掲げた漢字が使われている――部分の読み方を、平仮名で記してください。

一【睨】

ア　かの武将は天下を睥睨しつつも、業半ばにして倒れた。

イ　仕事を怠けていて、課長に睨まれてしまった。

二【剰】

ア　過剰生産がたたり、売り値が半値以下になってしまった。

イ　大雪に降られ、剰え車が故障し、今度の旅行はさんざんであった。

三【衝】

ア　ここから国連の監視下にある緩衝地帯を抜けて、A国に入る予定だ。

イ　記者の質問は核心を衝いていたので、私は当惑を隠せなかった。

四【悖】

ア　道ならぬ恋に落ち、その修道士は悖徳の徒として僧院を追われた。

イ　あのような道義に悖る行為は絶対に許せない。

問6　一〜四について、【　】に掲げた漢字が使われている——部分の読み方を、平仮名で記してください。

一【翳】

ア　あの作家の文章は陰翳に富んでいて読み応えがある。

イ　額に小手を翳して日光を遮る。

二【偏】

ア　社長の偏頗な扱いに我慢ができず、昨日辞表を出した。

イ　今回の成功は、偏に皆さんのご協力の賜物であります。

三【食】

ア　悪食を自認する吉田氏も、食卓に蜘蛛を出されたのはこれが初めてだそうだ。

イ　骨肉相食む一族の争いも、世代交代が進んでようやく終息したようだ。

四【絆】

ア　傷の手当をするので、ガーゼと絆創膏を用意してください。

イ　情に絆されてあの時彼を許してやったのが、今思えば間違いだった。

問7

一〜五のそれぞれの□に入る適切な漢字一字を、楷書で書いてください。また、その言葉を適切に用いているほうの文を選んで、番号で答えてください。

一【□斂誅求】
1 容疑者に対する取り調べは、□斂誅求をきわめた。
2 債務の取り立てが□斂誅求をきわめ、夜逃げする者が絶えなかった。

二【道□塗説】
1 彼は、若いのに道□塗説を心得ていて、見どころがある。
2 彼の話は道□塗説が多くて、どうも信用できない。

三【偕老同□】
1 人は年を取れば偕老同□ですから、みんなで仲良く暮らしていきましょう。
2 本日、お二人は偕老同□の契りを結ばれ、晴れて夫婦となりました。

四【□操堅固】
1 □操堅固なあの人を説得するのは、容易なことではない。
2 守備が□操堅固だから、安心して攻撃に専念できる。

五【博覧□記】
1 彼は論文で攻撃的な博覧□記をするから、周りから煙たがられる。
2 谷口先生の博覧□記ぶりには、学生全員が圧倒されてしまう。

問8

一～五の□に入る適切な漢字一字を楷書で書いてください。また、その言葉を適切に用いているほうの文を選んで、番号で答えてください。

一【先□後楽】

1 国王は先□後楽を実行したすぐれた為政者であった。
2 彼は先□後楽を地で行く注意深い男であった。

二【桃□李四】

1 その事業の実現には桃□李四の覚悟が必要だ。
2 利口な為政者は人に対して桃□李四の扱いをする。

三【読書尚□】

1 学生の頃から私と彼とは読書尚□の間柄だ。
2 仕事の合間には読書尚□の時間を過ごしたい。

四【□樹之嘆】

1 母親を亡くした彼は、まさに□樹之嘆をかこっている。
2 病弱な幼児を見ると、□樹之嘆に堪えない。

五【□石枕流】

1 何事にも□石枕流の精神で取り組んで欲しい。
2 □石枕流の彼女は周囲を振り回してばかりいる。

問1

解答

一…2・A　二…9・B　三…6・A　四…1・A　五…4・A　六…5・B　七…7・A

解説

◆漢字には複数の意味を表すものがある。熟語の構成要素として用いられる個々の漢字の意味を的確に理解することは、語の意味の正しい理解のために大切なことである。

一　「真偽」は真と偽り。同音異義の「真義」は本当の意味、「信義」は約束を守り義務を果たすこと、「審議」は詳しく検討して可否を評議すること。

二　「迫真」は表現・表情などが真に迫っていること。

三　「真摯」の「摯」は真面目なこと。

四　「真髄」は物事の本質、根本、物事の奥義。「神髄」とも表記する。

五　「真贋」は本物と偽物。

六　「純真」は心に汚れがなく清らかなこと。類語に「純真無垢」「天真爛漫」「天衣無縫」など。

七　「真価」は本当の価値や実力。

問2

解答

一…9・B　二…10・A　三…4・B　四…5・A　五…11・A　六…3・B　七…8・B

解説

一　事態の収拾にとまどう様子を表すのだから、「思案（にくれる）」が適切。

二　「事前に知らせてあって相手がすでに知っている」という意を表す、「（御）案内」が適切。

三　推敲の対象となるのだから、成案に至る前の案文、つまり、「草案」が適切。

四　会議で審議の対象とする事柄が多く、時間がかかりそうだと予測しているので、「案件」が適切。

五　手紙の脇付であるから、「案下」が適切。「案下」の「案」は「机」の意で、「机下」と同種の脇付として用いられる。

六　遠慮がちに意見を述べる機会を与えてくれと言うのだから、自分の案を謙遜して表す「愚案」が適切。
七　古典を元に改作したということで、「翻案」が適切。

問3

解答　一…3　二…1　三…2　四…1

解説

一【音】…1「音信（おんしん／いんしん）」、2「福音」、4「疎音（そいん）」の「音」は、便り、また、知らせの意。3「和音」は、音階の異なる音を同時に響かせることによって生じる音の意。

二【執】…1「固執」の「執」は、自分の考えにこだわる意。2「執刀」、3「執筆」、4「執政」の「執」は、実際に自分の手で何かをしっかりと行う意を表す。

三【面】…1「面責」、3「面談」、4「面会」の「面」は、何かをするために相手と直接顔を合わせる意を表す。2「面皮」の「面」は、対人関係に反映される性格などを表すと捉えられる、文字通りの「顔」の意。

四【往】…1「往来」の「往」は、目的地に向かって、道などを進んで行く意。2「往年」、3「既往」、4「往古」の「往」は、時をへて、過去のことになること、また、その過去の時。

問4

解答　一…4　二…3　三…2　四…4

解説

一【経】…1「経歴」、2「経過」、3「経験」の「経」は、長短の違いはあっても、どれも「時をへる」の意を表す。4「経国」の「経」は、「治める」、また、「いとなむ」の意を表す。

二【任】…1「任命」、2「自任」、4「再任」の「任」は、与えられた責務として、また、そうするにふさわしい資格や能力を備えていると信じて、事に励む意を表す。3「任意」の「任」は、他から制約を受けることなく、自分自身の意思にまかせるという意を表す。

三【辺】…1「辺境」、3「辺地」、4「辺鄙」の「辺」は、中心部や都会から遠く隔たる、の意。2「身辺」の「辺」は、何かのそばの意。

四【散】…1「散乱」、2「散在」、3「分散」の「散」は、一か所に集中することなく、ばらばらの状態におかれることを表す。4「散策」の「散」は、何かによって拘束されることがない状態にあることを表す。

問5

解答

一　ア…へいげい　イ…にら　二　ア…かじょう　イ…あまつさ／あまっさ

三　ア…かんしょう　イ…つ　四　ア…はいとく　イ…もと

解説

◆一般に漢語の熟語として用いられることの多い漢字の、音と訓を問う問題である。漢字の訓を知ることは意味の理解につながることなので、折にふれて覚えるように心がけたい。

一「睨」の音は「げい」、訓は「にらむ」。アの「睥睨」は、「睥」も「睨」も「横目で見る」意で、絶えず目を光らせて様子をうかがうこと。多く、「天下を睥睨する」の形で、「隙があれば進出しようと、周囲に絶えず目を配り、その機をうかがうこと」を表す。

二「剰」の音は「じょう」、訓は「あまつさえ／あまっさえ」「あまる／あます」で、ありあまる意を表す。イの副詞「あまつさえ」は、既に生じている好ましくない事態に、さらに好ましくない事態が加わる様子を表す。

三「衝」の音は「しょう」、訓は「つく」。アの「緩衝」は、二つの対立するものなどの間にあって不穏な状態に至るのを避けようとすること。

四「悖」の音は「はい」、訓は「もとる」で、本来の正しい在り方に反することを表し、特に道徳律に背いたり宗教上のタブーに触れたりする行為について使う。「悖徳」は「背徳」に通じる。

問6

解答

一　ア…いんえい　イ…かざ　二　ア…へんぱ／へんば　イ…ひとえ

三　ア…あくじき／あくしょく　イ…は　四　ア…ばんそうこう　イ…ほだ

解説

一　「翳」の音は「えい」、訓は「かざす」「かげる」「かすむ」で、光が当たらず、陰となるところの意。アの「（文章が）陰翳に富む」とは、感情の描写などにその時々の状況に応じた微妙な変化があり、深い味わいが感じられること。

二　「偏」の音は「へん」、訓は「ひとえに」「かたよる」。アの「偏頗」は、かたよっていて公正を欠く様子。

三　「食」の音は「しょく」「じき」、訓は「くう」「くらう」「たべる」「はむ」など。アの「悪食」は、一般の人があえて食べようとしないものを好んで食べること。

四　「絆」の音は「はん」「ばん」、訓は「ほだす」「きずな」など。アの「絆創膏」は、傷口の保護やガーゼなどの固定のために用いる、粘着剤を塗った布や紙。

問7

解答

一…苛・2　二…聴・2　三…穴・2　四…志・1　五…強・2

解説

◆四字熟語の、適切な表記と意味の的確な理解を問う問題である。正しい表記を記憶に留めておくことは、思い込みや勘違いでとらえている意味を正す上でも大切なことである。

一　苛斂誅求《かれんちゅうきゅう》…「苛斂」も「誅求」も、情け容赦なく、税金などを取り立てること。2が適切。1は、「苛酷をきわめた」とでも言うべきか。

二　道聴塗説《どうちょうとせつ》…道で人から聞いた話を、すぐにまた、その道で他人に話すことの意で、安易な受け売りやいいかげんな聞きかじりの話をすることを言う。2が適切。

三　偕老同穴《かいろうどうけつ》…「偕老」は共に年を取る意で、「同穴」は同じ墓に葬られる意。夫婦が仲むつまじく長生きし、死後も共に葬られることを表す。「偕老同穴の契り」で、末永く共に暮らそうという、夫婦の間の堅い契りを表す。2が適切。

四　志操堅固《しそうけんご》…自分が正しいと信じていることをひたすら守り、どんな状況に置かれても変えようとしない気持ちを抱き続けることを表す。1が適切。

五　博覧強記《はくらんきょうき》…読書などを通しての知識が並み外れて広く、しかも、凡俗の遠く及ばない記憶力を備えていることを表す。2が適切。

問8

解答　一…憂・1　二…三・1　三…友・2　四…風・1　五…漱・2

解説　◆四字熟語の意味・使用法について、正しく理解しているかどうかを確認する問題である。

一　「先憂後楽《せんゆうこうらく》」…「優れた為政者は民衆より先に憂え、民が楽しんだ後に自らも楽しむ」ということ。2の「注意深い男」という記述とは適合しないので、間違いである。

二　「桃三李四《とうさんりし》」…実を結ぶまで桃の木は三年、李《すもも》は四年かかるということから、「物事の実現にはそれ相応の年月がかかる」という意味で用いられる。「朝三暮四」と勘違いして2を正解としないよう注意してほしい。

三　「読書尚友《どくしょしょうゆう》」…「書物を通じて聖人を友とする」ということ。「尚友」とは昔の賢人を友とする意である。自分の友人との関係を言う言葉ではないので、1は間違いである。

四　「風樹之嘆《ふうじゅのたん》」…親に孝行ができるような年齢になった時にはすでに親が亡くなっていて孝行できないという嘆き。2の「幼児」という記述とは適合しない。

五　「漱石枕流《そうせきちんりゅう》」…強情で負け惜しみが強いこと。自分の誤りを認めず、理屈を付けて言い逃れること。夏目漱石のペンネームの由来としても有名。

総合問題

日本語検定公式練習問題集　1級

日本語検定では、日本語の総合的な運用能力を測るために、六つの領域から幅広く出題しています。

総合問題は、個別に学んできた知識が、実際の社会場面でしっかりと活用できているのかを問うものです。社会常識、文章の読解力、古典の知識など、幅広い日本語力の養成に努めることが必要となります。また、出題傾向として類義語に関する知識が前提となっていることが多いので注意が必要です。

加えて総合問題では、総合問題でしか出せない種類の問題として、文脈を読む力についても問うています。具体的に文脈を読む力が問われるのは、キーワードの補填や文末を推定させるタイプの問題、指示語に関するものです。いわゆる「国語の問題」とも近接しているものですので、苦手な方は一度、現代文の読解に関する問題集などを参照するのもいいでしょう。

表やグラフを用いた問題では、一つ以上の資料（表やグラフ）と、その資料を考察した文章とが一組で出題されます。問題の傾向は、①資料の正確な読み取り、②それに基づく考察結果を正確に伝える表現方法、の二点に大きく分けることができます。

勉強法として効果が期待できるのは、本や新聞記事などで図表のある文章を読むこと、また、問題集などを利用して、この問題形式に慣れることとです。その際、特に設問箇所の前後を含めた文脈をよく読み、文章が資料のどの部分に着目しているのかを明確にしておきましょう。資料の分析ポイントを絞り込むことができます。

資料の読み取りには、大雑把な傾向をつかみ取る力と、細部の違い（変化など）を発見する力の両方が必要です。日頃から新聞や本に掲載される資料に関心を寄せ、両方の視点を意識しながら自分なりに読み解いてみましょう。

問1

次の文章は、日本の電力消費の推移についての二つの資料を見て、Aさんが東日本大震災の二カ月後、二〇一一年の五月に書いたものです。それぞれの質問に番号で答えてください。

〈図1〉 最大電力発生日における1日の電気の使われ方の推移

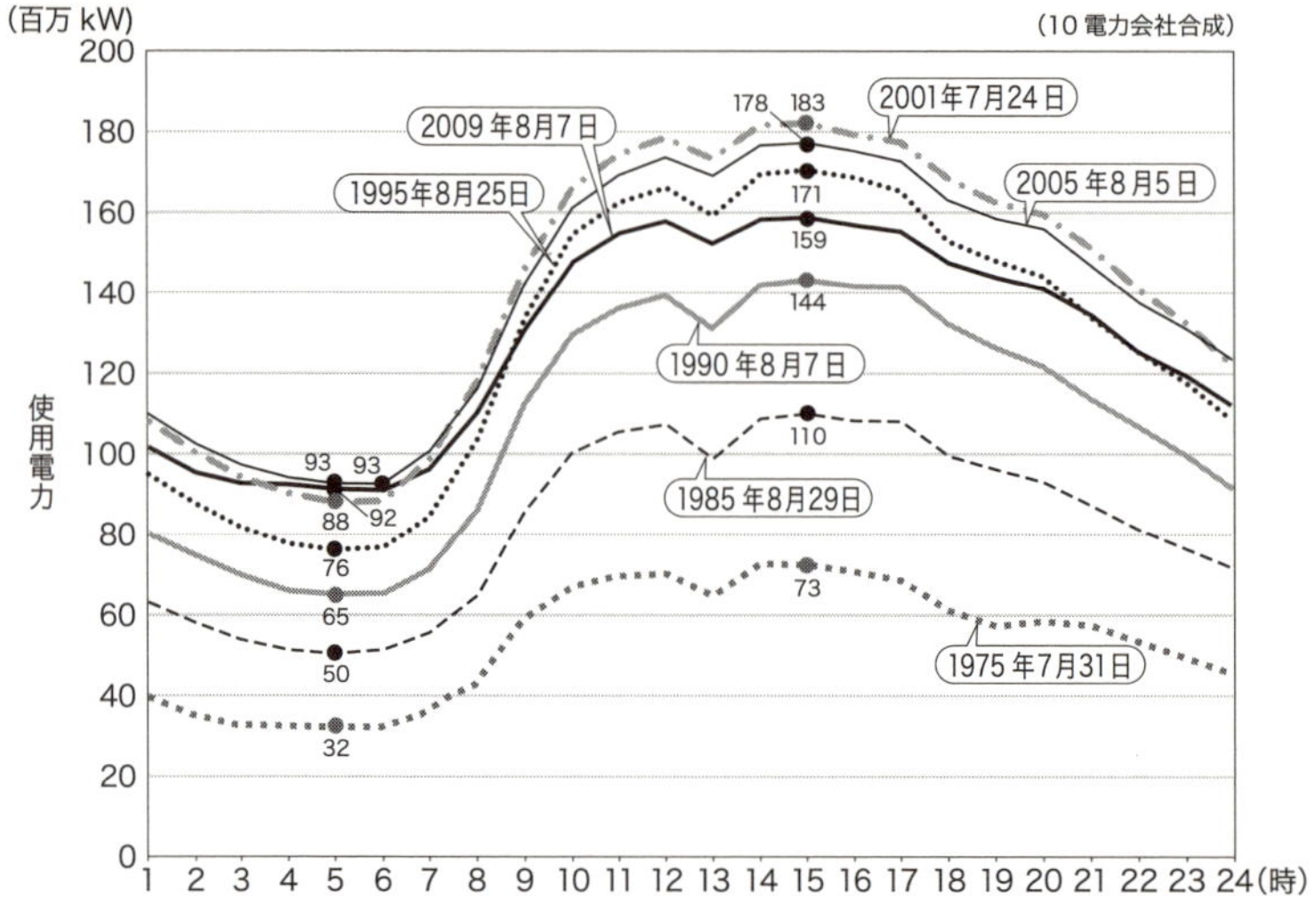

(注)1975年のみ9電力会社計
電気事業連合会資料による

〈図2〉 1年間の電気の使われ方の推移

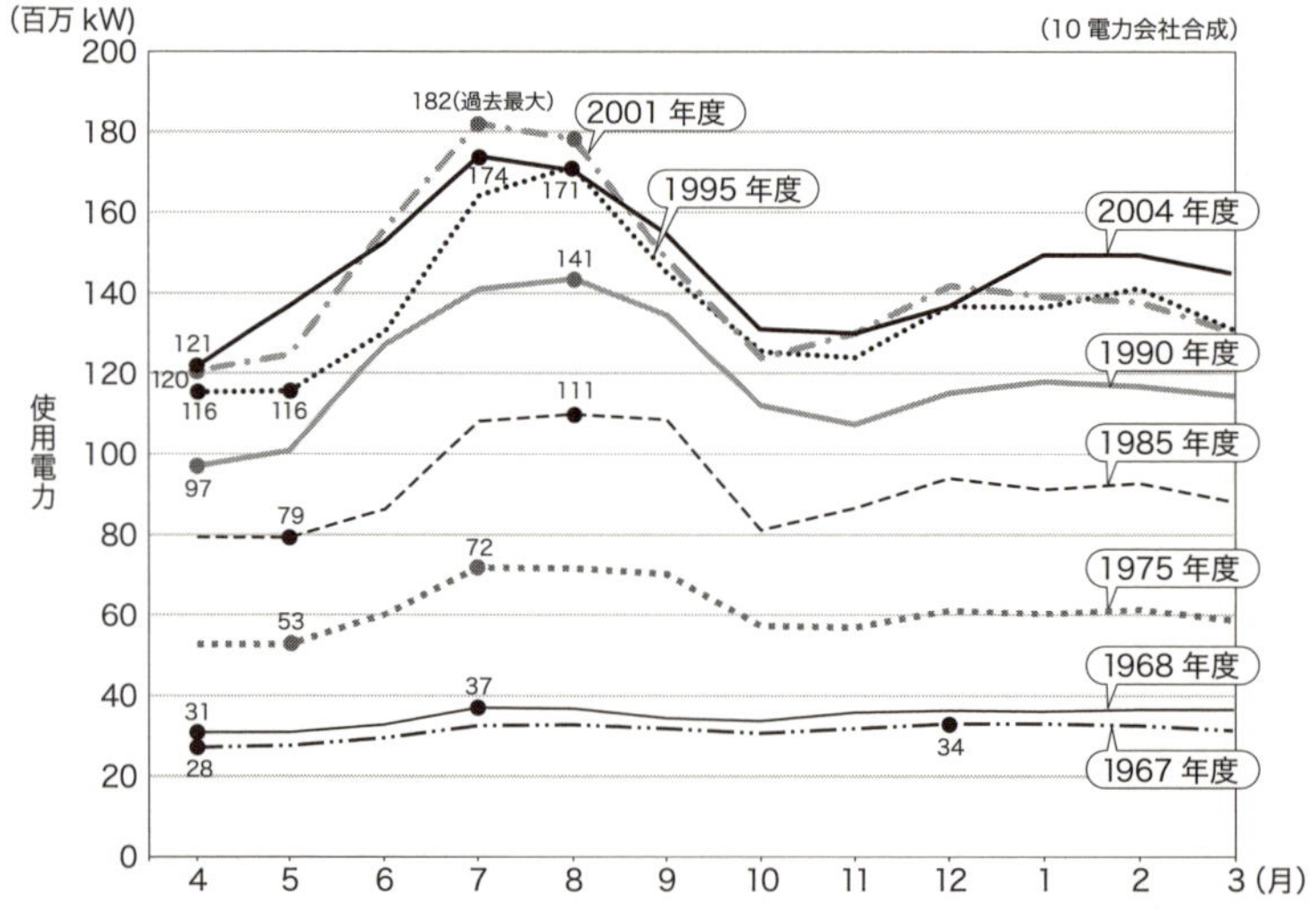

(注)1975年以前は9電力会社合成
電気事業連合会資料による

情報化社会の進展やエアコンの普及などを背景に，日本国内の電力需要は近年も増加し続けているが，消費電力量は，1日の中では時間帯によって，また，1年の中では季節によって大きな差がある。

図1は，「最大電力発生日における1日の電気の使われ方の推移」を表したものである。いずれの年も「最大電力発生日」は真夏であるが，1975年のカーブはまだ比較的緩やかで，最も消費量の少ない朝5時と最も消費量の多い午後3時との差は4100万kWであった。それが，2001年では9500万kW，2005年では8500万kWの差があり，（　ア　）ことが分かる。

一方，**図2**は，「1年間の電気の使われ方の推移」を表したものである。毎月3000万kW程度で月による大きな差がなかった1967年度では，冬の12月が最大だったが，翌1968年度には夏の7月が最大となり，以降は夏の電力消費量が最も高いピークを作っている。近年は，夏ほど高くはないが，冬にもう一つのピークができている。消費電力量そのものの増加も著しいが，季節による電力需要の格差が拡大していることも見て取れる。これは，この間の，冷暖房需要の増大がもたらしたものであることは明らかだろう。

基本的に「電気は貯蔵できない」ので，電力需要のピークに見合った発電設備をつくる必要がある。そのため，昼間に比べて電力需要が下がる夜間は，発電設備を有効に利用していない状態になっていると言える。すなわち，年間を通じて最も多く電力消費をする日の最大ピークが高くなればなるほど，それを賄う発電設備が必要になるのであり，そのことが（　イ　）ことになるのである。

そこで，いわゆる「電力の負荷平準化」が求められることになる。つまり，電力負荷を電力需給の（　ウ　）する時期（夏の平日昼間など）から余裕のある時期（夜間，休日など）に移行させる，あるいは需給の（　ウ　）する時期の電力需要を調整して減らす，夜間に供給できる電力を有効利用する，などによって，上記の格差縮小を図るわけである。

こうした方策は，電力供給コストを低減するだけでなく，長期的な電力の安定供給や，二酸化炭素の排出抑制に寄与するものとして政府も奨励してきてはいるが，これまで必ずしも（　エ　）。

大震災を経て，とりわけ東日本の電力需給については，短期的には，この夏をどう乗り切るかが課題となっている。広範囲での節電や大口需要に対する需給調整，蓄熱システムの導入をはじめとして，さまざまな場面で「負荷平準化」の方策が試されることになるはずだ。そのうえで，長期的には，利用可能な発電方式を安全面も含めて見直し，その組み合わせを考えていくことになるのではないだろうか。

一　アに入る言い方として最も適切なものはどれでしょうか。

「
1 最大電力消費量が大きくなるにつれて，消費電力量の最大値と最小値も大きくなっていく傾向がある
2 最大電力消費量が大きくなるにつれて，消費電力量の最大値と最小値の差が大きくなっていく傾向がある
3 最大電力消費量の大きさにかかわらず消費電力量が最大になる時間帯と最小になる時間帯は変わらない
4 最大電力消費量の大きさにかかわらず消費電力量の最大値と最小値の差が大きくなっている
」

二　イに入る言い方として最も適切なものはどれでしょうか。

「
1 無用な発電施設の建設と相俟って，電力供給のコストを上昇させる
2 発電施設の新設を促進し，結局は電力の安定的供給につながる
3 電力の有効利用を阻害し，電力供給を不安定にする
4 無駄の多い発電施設の建設を求め，電力供給のコストを上昇させる
」

三　ウに入る言葉として最も適切なものはどれでしょうか。

「1 乖離　2 均衡　3 逼迫　4 拮抗」

四　エに入る言い方として最も適切なものはどれでしょうか。

「
1 消極的にしか取り組まれてこなかった
2 消極的な取り組みしかなかったわけではない
3 積極的に取り組まれてきたとは言えない
4 積極的な取り組みがなかったわけではない
」

問2

次の文章は、県人気質に関する調査結果と、県別の人口増減率をグラフ化した資料を見て、Aさんが書いたものです。それぞれの質問に答えてください。

資料1　県人気質に対する見方（特異性と愛着度）

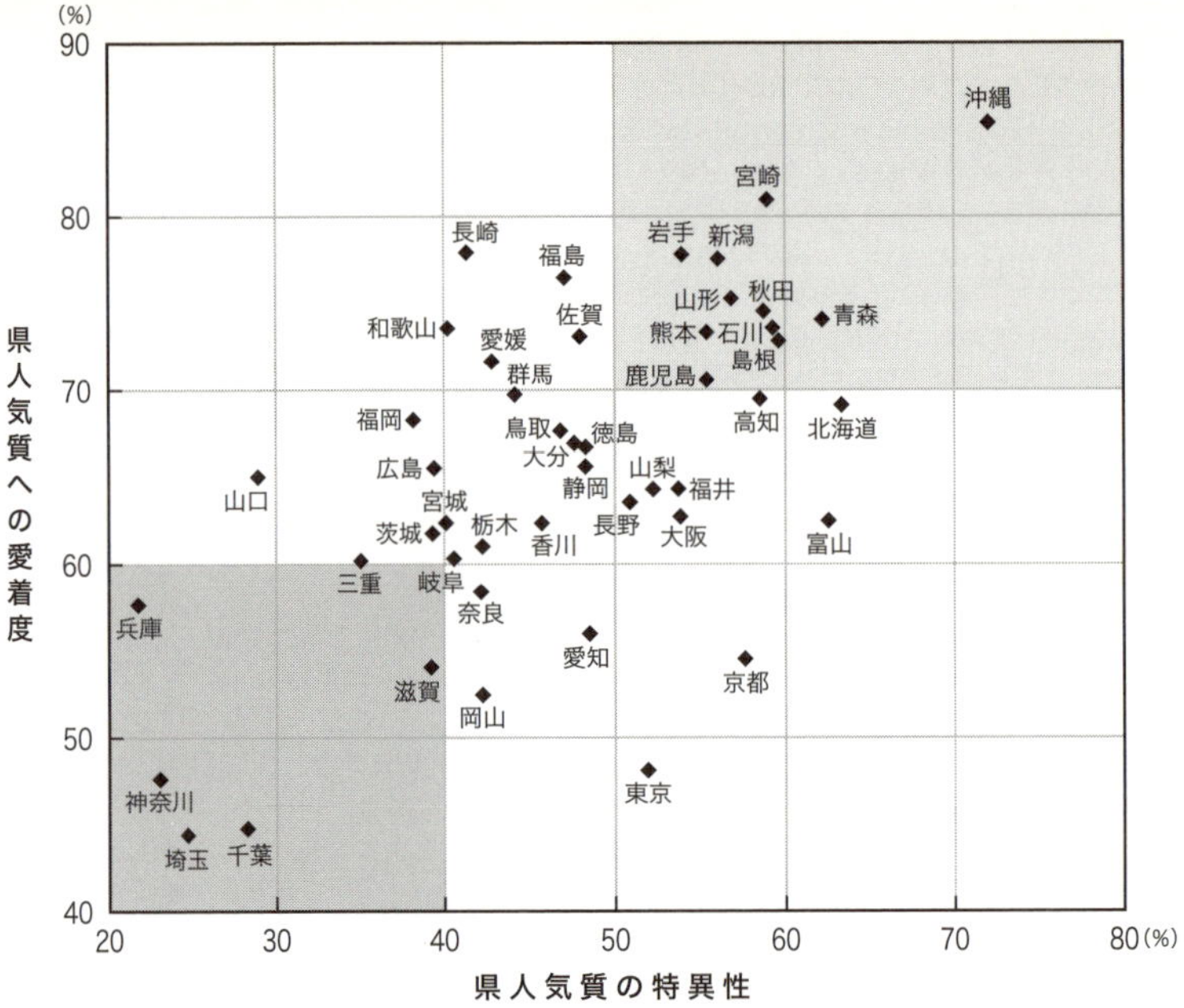

＊本川 裕「社会実情データ図録」による（NHK放送文化研究所「現代の県民気質 ── 全国県民意識調査 ──」に基づく）

資料2　1990年から2000年の間の県別人口増加率

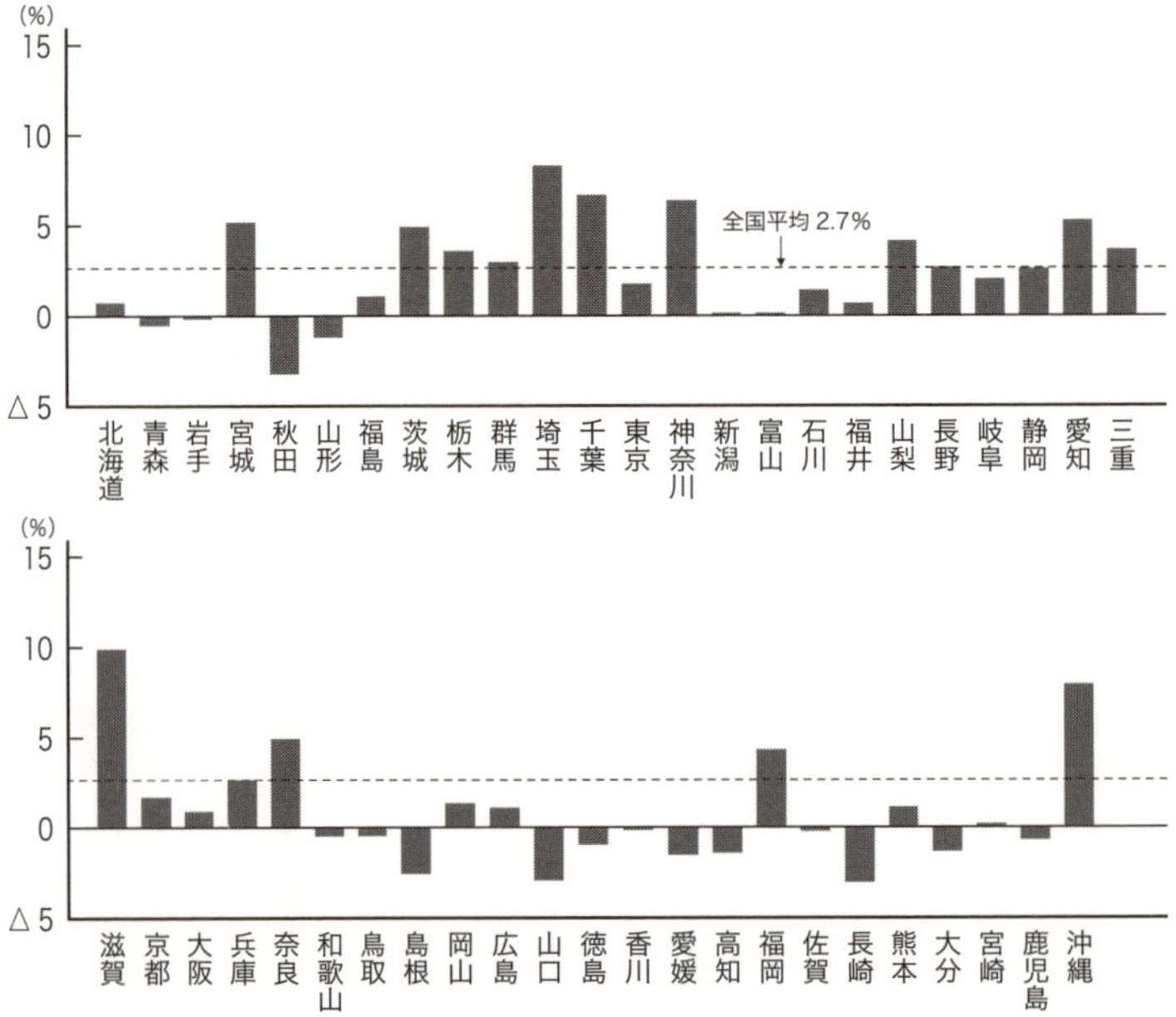

＊総務省「国勢調査」に基づく

土佐の「いごっそう」や肥後の「もっこす」などに代表される，県人の気質を言い表す言葉がある。こうした言葉で表される県人気質というものは，近年では，どのように捉えられているのだろうか。

資料1は，各都道府県900人ずつ，16歳以上を対象に，1996年に行われた県人気質に関する調査の結果である。「ものの考え方に，ほかの県の人々とは違った特徴があると思いますか」という質問と，「この土地の人々の人情が好きですか」という質問に対する「はい」の回答率をそれぞれ横軸と縦軸にとり，各県の位置を示したものである。つまり，「特異性」についての認識の度合いと，「愛着」の感じ方との相関関係を表したものだということになる。

全体としては，左下から右上に向かう，中央部分が膨れた「[a]ダエンジョウ」の分布と見ることができ，おおむね正の相関関係を示していると言えよう。つまり，（　ア　）傾向があるということである。

右上部分の，特異性50%以上・愛着度70%以上の県（A）と，左下部分の，特異性40%以下・愛着度60%以下の県（B）を拾い出してみると次のようになる。

A…沖縄・青森・島根・石川・宮崎・秋田・山形・新潟・熊本・鹿児島・岩手
B…兵庫・神奈川・埼玉・千葉・滋賀

資料2は，1990年から2000年の間の，県別人口増加率である。これによって，47都道府県を3つに分類したとき，それぞれの県数は次のようになる。

Ⅰ　人口減…16県
Ⅱ　増加率が全国平均未満…14都道府県
Ⅲ　増加率が全国平均程度ないしそれ以上…17県

Aに属する11県のうち，Ⅰの類が青森・岩手・秋田・山形・島根・鹿児島の6県，Ⅱが石川・新潟・宮崎・熊本の4県，Ⅲは沖縄1県のみである。一方，Bに属する5県は全てⅢの類に入る。分布上でBの各県と比較的近い位置にある三重などもここに入る。

その後，2000年と2005年の間では，全国の32県で人口の減少が見られるようになっているが，その状況の中で，AかつⅠに属する6県は変わらず減少率で上位を占め，いっそう過疎化が進んでいる。一方，ベッドタウン的な機能を果たしていると考えられるBの各県は，やはり増加率で上位を占めている。

地理的，歴史的に独自の風土と文化を有する沖縄は例外だが，この調査に対する回答には，人口の増減が関与していることが推測される。すなわち，県人気質の特異性に関する認識と愛着は，人口減によって保持され，人口流入・人口増に伴って消失していくという関係である。県人自らが感じることのできる県人気質とそれに対する愛着は，[イ]不可逆的に進む過疎化によって「[b]あがなえる」と言えるかもしれない。

一　a「ダエンジョウ」、b「あがなえる」を、漢字を使って**楷書**で書いてください。bは、送り仮名も正しく書いてください。

二　**資料1**を見て、内容として正しいものを**全て**選んで、番号で答えてください。

1　東京と京都では、愛着度の質問に「はい」と答えた割合が、特異性の質問に「はい」と答えた割合を下回った。
2　特異性の質問に「はい」と答えた割合が少なかった県を、少なかった順に並べると、埼玉・千葉・神奈川・兵庫になる。
3　兵庫・神奈川・埼玉・千葉の四県の中で、特異性の質問に「はい」と答えた割合と、愛着度の質問に「はい」と答えた割合の差が最も大きいのは兵庫だった。
4　愛着度の質問に「はい」と答えた割合が多かったのは、一位が沖縄で、二位が北海道だった。

三　アに入る最も適切な内容を選んで、番号で答えてください。

1　気質に特異性があればあるほど、愛着を感じるようになる
2　気質の特異性を認める割合が大きいほど、愛着度が高くなる
3　気質に特異性のあることが、愛着を感じることを助長する
4　気質の特異性を認める人ほど、愛着を感じる

四　イの部分を最も適切に言い換えているものを選んで、番号で答えてください。

1　逆戻りが可能な限界を超えて進む過疎化を条件にして埋め合わせられる
2　限りなく進む過疎化を対価にして埋め合わせられる
3　後戻りすることなく進む過疎化を代償にして手に入れられる
4　あってはならないところまで進む過疎化を犠牲にして手に入れられる

問3

次の文章は、「医療費の動向」と、「GDPに占める総医療費の割合の推移」を表した資料（グラフ）を見て、Aさんが二〇一二年に書いたものです。それぞれの問いに答えてください。

〈図表 1〉 医療費の動向

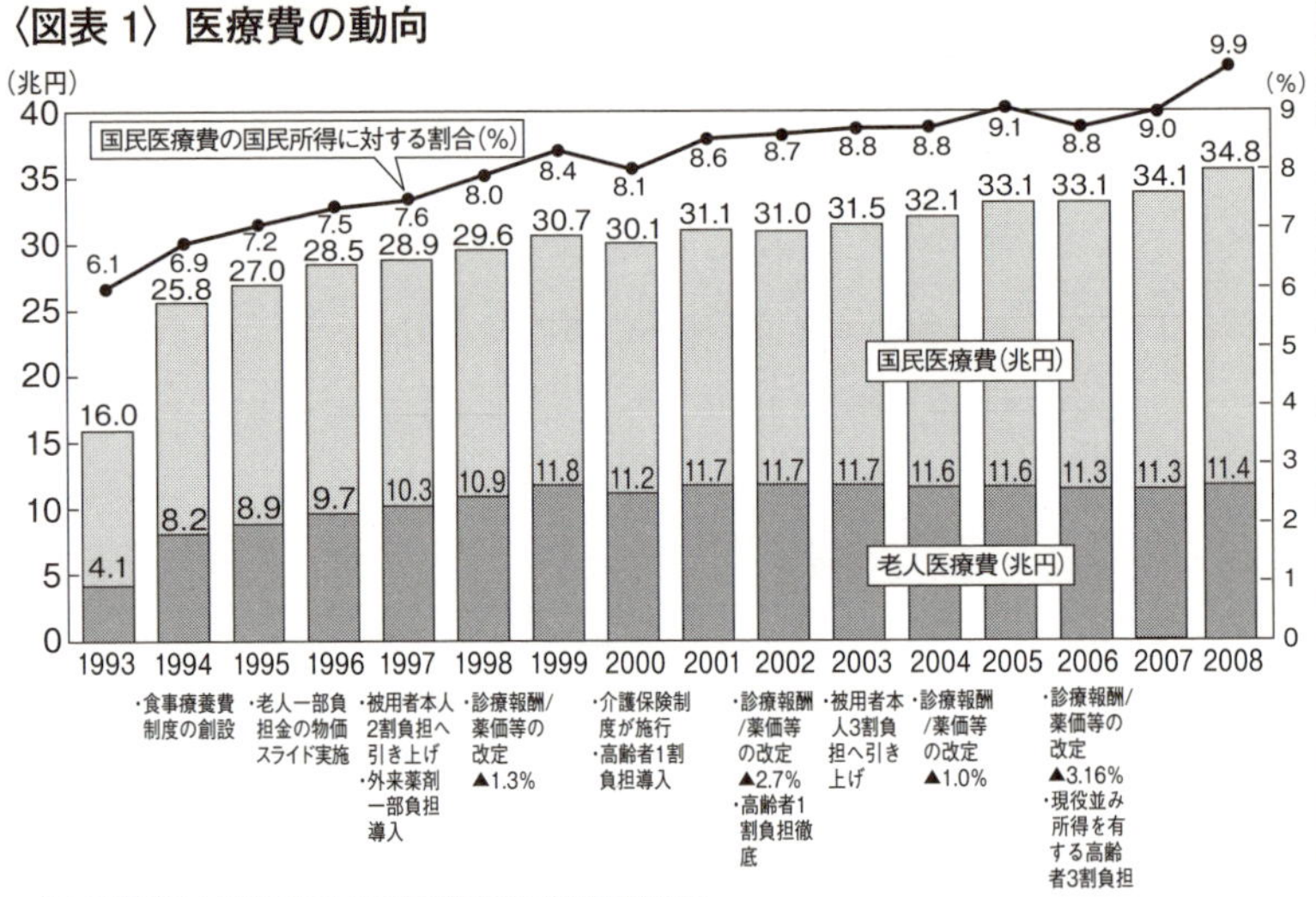

注1：国民所得は内閣府発表の国民経済計算（2008年6月発表）による。
注2：老人医療費は，平成14年（2002年）の制度改正により，対象年齢が平成14年10月から平成19年9月までの5年間で，段階的に70歳から75歳に引き上げられた。

＊内閣府『高齢社会白書』2011年による

〈図表 2〉 GDP に占める総医療費の割合の推移

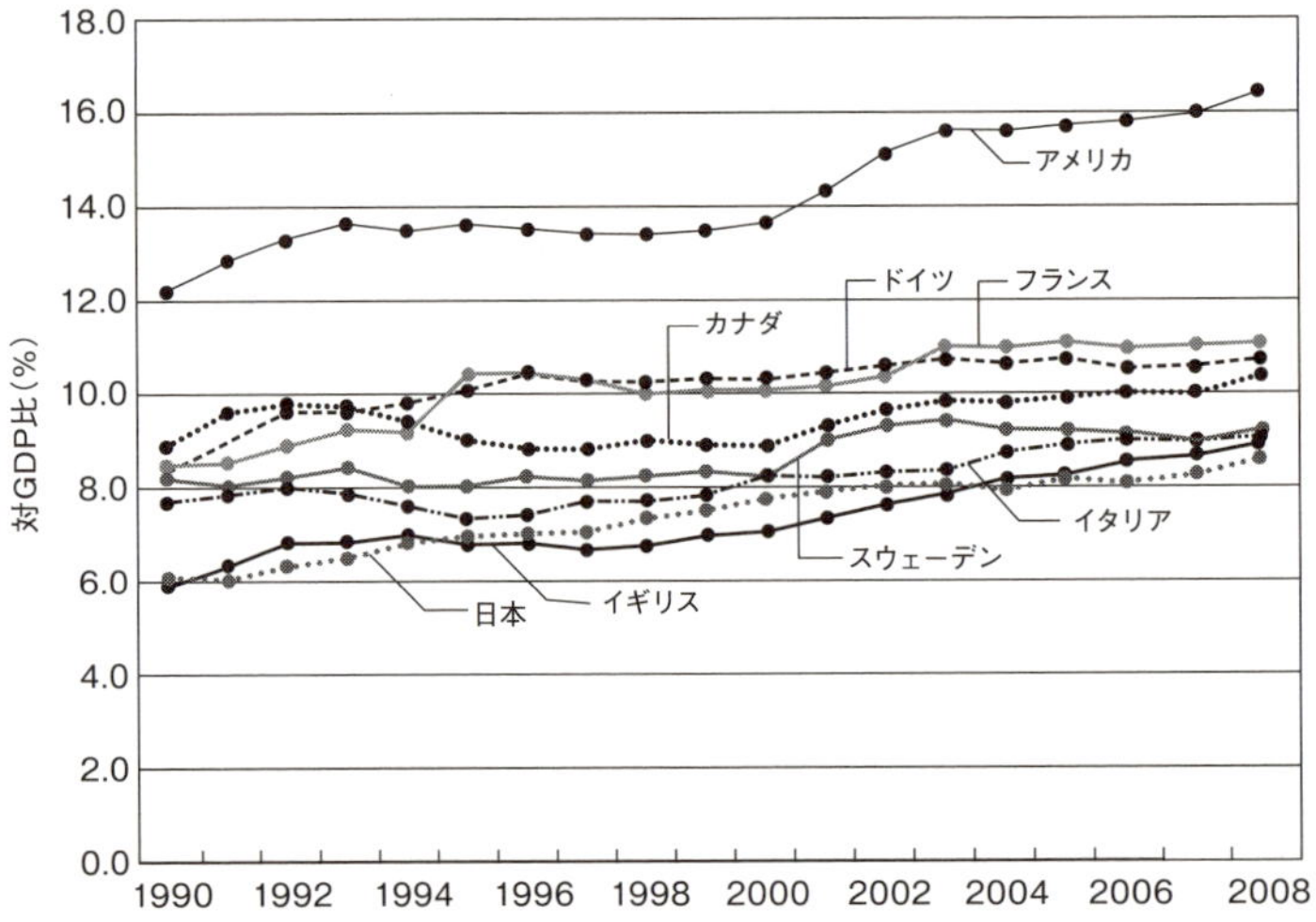

注：総医療費には，日本の国民医療費に相当する費用のほか，介護サービス費や，予防・公衆衛生サービス費，医療管理・医療保険のコスト等を含む。

＊OECD Health Data 2011による

世界最長の平均寿命や高い医療水準を実現していると言われる日本だが，医療を巡るさまざまな問題が（　ア　）してきている。「医師不足」「地域医療の質の低下」「医療機関の経営不振」「救急医療の問題」など，枚挙に暇がないが，なぜ，こうした事態に至ったのであろうか。

図表１は，近年の医療費総額とその国民所得に占める割合の推移である。総額，割合ともに増加傾向にあることは事実であるが，急速に高齢化が進む現状にあって，（　イ　）である。

グラフの下に記されているように，1998年度以降４次にわたって，診療報酬・薬価等の引き下げが行われ，一方で，1997年度の被用者本人２割負担への引き上げから始まり，2000年度の高齢者１割負担導入，2003年度の被用者本人３割負担などが実施されている。つまり，医療費総額抑制のために，診療報酬・薬価等の引き下げを行って，医療費総額の伸びをこの程度に抑え，かつ，内訳としての本人負担の割合を増加させたというのがその絡繰りだと考えられるのである。冒頭に記した，さまざまな医療サービスの[ウ]レッカが，このことと無関係であるとは考えにくい。

ところで，日本の医療費は国際的に見て多いのだろうか。図表２の「GDPに占める総医療費の割合の推移」で，先進国の総医療費の1990年から2008年までの変化を見ると，日本は６％から８％台へと増加しているが，その水準はイギリス同様，先進国の中では一貫して低いレベルにある。ドイツ，フランスが８％台から10％台へと推移し，アメリカは約12％から約16％へと，突出して高いことが見てとれる。

対GDP比で見て，日本の医療費は先進国の中で決して多くない。また，他の先進国を見れば，日本だけ医療費が増えているわけではないことも分かる。医療技術の進歩に伴う人々の医療に対する期待の増大，高齢化に伴う医療への需要増大などを考えると，これら各国でも医療に対する支出がさらに拡大することは，（　エ　）。なお，OECDの統計結果によれば，日本の総医療費に占める公的保険や財政負担に係る公的負担の割合は，約81％（2007年）であるが，日本とは制度の異なるドイツ，フランス，イギリス等も，70％台後半から80％台前半と公的負担割合は日本に近い。

医療費については，分野ごとの費用適正化や予防医療を進めることで抑制していくことが必要であり，ひとまずは成功しているのかもしれない。しかし，さまざまな問題が（　ア　）していることも事実なのであり，医療の質を保っていくためには，早晩，新たな支出が求められることになるだろう。

医療費をどこまで公的保険や財政が負担するのか，その際の財源をどこに求めるのかを含め，社会保障全体を（　オ　）制度改革が求められる。

一　アには同じ言葉が入ります。最も適切なものはどれでしょうか。番号で答えてください。
［1顕在化　2潜在化　3顕然化　4現前化］

二　イに入る言い方として最も適切なものはどれでしょうか。番号で答えてください。
［1急激な増加を見せているのは奇妙　2緩やかな増加にとどまっているのは当然　3この程度の増加ですんでいるのは奇妙　4この程度の増加ですんでいるのは当然］

三　ウのカタカナ部分「レッカ」を楷書の漢字で書いてください。

四　エに入る言い方として最も適切なものはどれでしょうか。番号で答えてください。
［1予想するに吝かではない　2予想するに難くない　3予想するに如くはない　4予想するに値しない］

五　オに入る言い方として最も適切なものはどれでしょうか。番号で答えてください。
［1俯瞰した、巨視的な　2概観した、普遍的な　3視座に入れた、根本的な　4視野に入れた、抜本的な］

問4 次の文章を読んで、後の質問に答えてください。

「避ける」だけを文脈を抜きにして示され、何と読むかと問われたら、「さける」か「よける」か、（ ア ）的には決めかねるだろう。確かに両語の意味には、同じ漢字が用いられるだけの近似性が認められる。しかし、決して同義ではない。

「ラッシュアワーを（ イ ）、九時過ぎに外出する」「夏の暑さを（ ウ ）、二千メートルの高原に涼を求める」、「風で倒れた目の前の街路樹を（ エ ）て車を走らせる」「負い目のある彼は、わたしに会うのを（ オ ）ているようだ」「体に当たりそうなピッチャーの投球を（ カ ）て、上体をのけぞらせた」などの用法から、「さける」には「（ キ ）」、「よける」には「（ ク ）」ということが前提的な条件として存在することが認められる。

このことは、「弁護士になるなら、難関の司法試験をさけて通るわけにはいかない」「同僚の身内に突発的に起きた不幸を当人に知らせる役など、そのキョウガク[ケ]や悲嘆を思うと、できることならさけたいものだ」や「通行人をよけながら、繁華街を足早に通り過ぎる」「登山中、落石をよけそこなって、軽い怪我をする」などの例についても同様である。

「霜よけ」「日よけ」「泥よけ」などの「よけ」については、上に述べたことが必ずしもそのままでは適用されない。対象物に「霜・日・泥」が向かってくる点では共通するが、遮蔽物によってそれとの直接の接触をさえぎる（ コ ）と解さなければならない。用字の面で「霜除け」「日除け」「泥除け」とすることが多いことによってもそのことがうかがえる。

一　アに入る言葉として最も適切なものはどれでしょうか。番号で答えてください。
［1経験　2客観　3心情　4感覚］

二　イ〜カそれぞれに入る適切なものはどちらでしょうか。番号で答えてください。
［1さけ　2よけ］

三　キ・クに入る言い方として最も適切なものはどれでしょうか。それぞれについて一つ選んで、番号で答えてください。
［1　接触したり遭遇したりすれば、何らかの好ましくない事態の生じることが事前に予測される
2　好ましくない事態の生じることが予測されながらも、それを無視して予定通りに行動する
3　突然好ましくない結果の生じそうな事態を察知して、何らかの対処が必要となる
4　とっさに行う機敏な行動によって、事前に好ましくない事態との遭遇を免れる
5　好ましくない事態に遭遇することのないように、前もって近づかずに済むような行動をする］

四　ケ「キョウガク」を楷書の漢字で書いてください。

五　コに入る言い方として最も適切なものはどれでしょうか。番号で答えてください。
［1　ことを裏返しにとらえようとしている　2　こととは全く無関係である
3　ことに意味の重点が置かれている　4　ことが最終的な結論である］

問5 次の文章を読んで、後の質問に答えてください。

今年の一月のある日、何気なく某新聞に（　ア　）いて、気にかかるコラム欄に接した。ある人（仮にH氏とする）が書いた、「『絆』の本来の意味は…」というタイトルの文章で、

「『絆』という言葉の氾濫、何とかならないでしょうかね」あるNPO法人の相談役、Mさんから、そんな書き出しの手紙をいただいた。同法人はもともと、家族に頼らずに自分らしいお葬式を行いたいという人のために設立された団体。今では地縁や血縁を超えて、一個人が安心して生きることのできるネットワークづくりを進めている。

そのMさんが言うには、我が国の戦前、戦時、敗戦後の社会は「絆」という綱でがんじがらめに縛られ、閉塞感でいっぱいだった。敗戦からの数十年は、「絆」から解き放たれるための闘いの歴史だったという。

という書き出しで始まっているのである。Mさんの考えの是非はひとまず（　イ　）、H氏は、Mさんにウショクハツされたかのように、広くエルフしている漢和辞典から、「絆」の意味を、「①ほだし。きずな。鳥の足にからめてしばるひも。また、人を束縛する表現、人情などのたとえ。②しばって自由に行動できなくする」と引用している。ここで、H氏は大きな誤りを犯していることに気づいていないようだ。

漢和辞典の記述は、漢語「絆（ハン）」に関するものであって、その訓として対応する「きずな」の意味を説いているものではない。確かに、「きずな」も、語源としては、鳥獣をつなぎとめておくための綱であったろうと推測されるので、漢語「絆」と無縁ではない。言葉を語源に遡って考えることも、時と

場合によっては（　オ　）無駄なことだとも言えないが、「きずな」については果たしてどれほど有意義なことか。現代の意味・用法では語構成上重要な「綱」がほとんど意識されないことは、仮名遣いによってうかがうこともできる。現代語としての用法に当たっても、（　カ　）の及ぶ範囲では、連帯意識・一体感といった意味合いで用いられている。

語源を云々するなら、民族独立運動のために銃弾に倒れた人も災害による死者も趣味で海や山に出かけて事故死した者も一括して「犠牲者」と呼ぶのも（　キ　）である。

必ずしも語源に限ったことではないが、世間一般に、言葉に関する事柄を論じる際に、その語の漢字表記を通して意味を云々する傾向がある。その語が漢語やそれに由来するものなら、それなりに参考にはなるだろうが、和語にまで拡大されると、いささか首をかしげたくなる。和語に当てられた漢字表記は、いわば、対訳語の表記なのであり、和語の「イヌ」「ネコ」の意味・用法を論じるのにdogやcatを話題にするようなものである。こういった傾向は、識字階層がごく一部に限られ、ステータスシンボルであった時代のなごりなのかもしれない。

言葉は時代の流れ、世の移ろいにつれて意味や用法に変化が生じるものだということを（　ク　）おきたいものである。

一　アに入る言葉として最も適切なものはどれでしょうか。番号で答えてください。

［1 目を凝らして　2 目をそばめて　3 目を落として　4 目を据えて］

二　イに入る言葉として最も適切なものはどれでしょうか。番号で答えてください。
［1 省いて　2 措いて　3 塞いで　4 残して］

三　ウ「ショクハツ」、エ「ルフ」を楷書の漢字で書いてください。

四　オに入る言葉として最も適切なものはどれでしょうか。番号で答えてください。
［1 とりわけ　2 強いて　3 たまたま　4 あながち］

五　カに入る言葉として最も適切なものはどれでしょうか。番号で答えてください。
［1 管見　2 愚見　3 知見　4 所見］

六　キに入る言葉として最も適切なものはどれでしょうか。番号で答えてください。
［1 奇想　2 奇特　3 奇抜　4 奇異］

七　クに入る言葉として最も適切なものはどれでしょうか。番号で答えてください。
［1 座右の銘として　2 肝に銘じて　3 警世の言として　4 胸に納めて］

問6　次の文章を読んで、後の質問に答えてください。

昔の人は、〝三尺下がって（　ア　）ず〟と言った。いまの人には、許しがたき封建的思想のかたまりのように見えるかもしれない。ところが、現在のように先生が〝話せ〟すぎる時代においてこそ、このことわざが意味をもつのである。ズボンの中へオシッコをもらすような生徒は、そんなことを言われなくても、三尺どころか五尺でも六尺でも尊敬の距離をおく。

いまの話せる先生は生徒と並んで歩きたがる。生徒もそれを当り前と考えるが、それは先生だけでなく、お弟子さんにとっても（　イ　）というもの。見よ、タンポポは種をすこしでも遠くへ飛ばすために、綿毛をつけているではないか。親のそばにくっついていると、大きく伸びるチャンスがないことを知っている。また、見よ、大木を。その下には草も生えていないではないか。親木の下で若木が伸びられないことを心なき草木でも、知っているのである。彼らは、言われなくても、三尺の距離をとっているのだ。万物の霊長《れいちょう》たる人間が、先生と生徒をくっつけておいて、民主的だなどと喜んでいるのは（　ウ　）というほかはない。植物にもおとる。弟子たるもの、わが身のためにも先生から三尺下がって、（　ア　）ないようにしなくてはならない。

師をあがめるというのは、そういう意味である。先生に近づきすぎると、教えを受けるものは身を亡ぼしかねない。〝君子危きに近よらず〟。師もまたある程度、危き存在である。そういうことをさりげなく教えたのが、〝三尺下がって（　ア　）ず〟である。意味深長。

人間はだいたいにおいて、小心なものである。平凡な教師ほど小心な人が多い。教え子がどんどん伸びてくると、喜ぶべきなのに、不安になる。いまにも自分が追い越されるようなエキユウにとりつかれる。

無意識に伸びてくる弟子を蹴落とそうとするようになるかもしれない。そういう先生をもつのは一生の不幸だが、悪いのは先生だけではない。お弟子の心掛けもよくない。（　オ　）、近づきすぎる。三尺下がっていれば、先生を不安におとしいれることはない。弟子としても先生の傘から外れればのびのび伸びることができる。

先生の影を（　カ　）遠ざけるすぐれた弟子と、弟子を近づけすぎないりっぱな師匠との間ではじめて教育の奇蹟はおこる。〝キ シュツランの誉れ〟ということばがある。弟子が先生以上になることだが、それには、弟子がすぐれていなくてはならないのはもちろんだが、それ以上に先生をたたえなくてはならない。

（『新版　ことわざの論理』外山滋比古／東京書籍）

一　アに入る言葉として最も適切なものはどれでしょうか。番号で答えてください。

［１師の後を踏ま　２師の影を踏ま　３師の後を追わ　４師の影を追わ］

二　イに入る言葉として最も適切なものはどれでしょうか。番号で答えてください。

［１不快　２不慮　３不明　４不徳］

三　ウに入る言葉として最も適切なものはどれでしょうか。番号で答えてください。

［１阿諛追従　２一知半解　３隔靴掻痒　４笑止千万］

四　エを楷書の漢字で書いてください。

五　オに入る言葉として最も適切なものはどれでしょうか。番号で答えてください。

［1 つまり　2 だから　3 加えて　4 しかし］

六　カに入る言葉として最も適切なものはどれでしょうか。番号で答えてください。

［1 敬し　2 恐れ　3 仰ぎ　4 眺め］

七　キを楷書の漢字で書いてください。

問1

解答 一…2　二…4　三…3　四…3

解説 ◆日本の電力消費の推移についての資料を見て、現在の課題を考えようとする文章である。筆者が、どのような論の進め方で、何を述べようとしているかが的確に読み取れるかどうかを問うている。

一　ここでは、グラフから読み取れる消費電力量の最大値と最小値の差について、1975年における数値と、2001年・2005年の数値を挙げ、その消費電力量の差を通して分かることを問題にしている。それを踏まえて全体的な傾向として看取できる事実を述べた、2が適切。1は、両者の差ではなく、最大値と最小値そのものの大きさについて述べているので不適切。3は、既に述べていることであり、改めて「分かる」と判断する対象にはならない。4は、「～大きさにかかわらず～大きくなっている」が、この間の推移について何を言おうとしているのか不明で、不適切。

二　「電気は貯蔵できない」「需要に応じた電力供給は不可欠だ」「需要の少ない季節や時間帯があっても、最大需要に応じられる発電設備が必要だ」を骨子とする論述の結論として、無駄の多い発電施設をつくらざるをえない事実を指摘した4が適切。2は、1は、必要があるから発電施設を建設するのであって、「無用な」「相俟って」などという表現は当たっておらず不適切。2は、この段落の論旨が発電施設の有効な利用がなされないことを批判する点にあるので不適切。3も、電力消費のピークに合わせた発電施設を必要としてしまうという論旨とずれていて不適切。

三　電力需給に余裕のある時期と対比させているのであるから、余裕のない状態を表す、3「逼迫」が適切。結び付く要素がなくなる意を表す1「乖離」や、釣り合いの取れた状態を表す2「均衡」、同程度の力で張り合う意を表す4「拮抗」は不適切。

四　「負荷平準化」に対する政府の取り組みについての見解を述べている。「政府も奨励してきてはいるが」と言っていることから、「多少は認められるが、まだ十分に満足できる段階には達していない」と批判的な結論を述べようとしていることが読み取れる。したがって、その不十分さを端的に指摘した3が適切。4は、政府の取り組みを容認したり擁護したりしている感じを与え不適切。1は、「必ずしも」との照応関係が不自然な表現。2は、裏返せば、「積極的な取り組みだと認められる点もあった」と、政府の取り組みを肯定することになり、論旨に合わない。

問2

解答 一 a…楕円状 b…購える 二…1・3 三…2 四…3

解説 ◆県人気質に関する都道府県別の調査結果と、各県の人口増減との関連を取り上げた文章が題材になっている。まず、各県の県人気質の特異性についての認識と、それに対する愛着の感じ方との間にはおおむね正の相関があることを述べ、さらに、それらが人口の増減と関係を有し、人口が減少している県で特異性の認識と愛着が高く、人口が増加している県では低いことが見いだせることを資料に基づいて言っている。

一 aは、二定点からの距離の和が一定である点の軌跡として定義される「楕円」であり、そのような様子や形であることを表す「状」を添えた「楕円状」が正しい。bは、「購える」で、「購う」は、買い求めることの改まった言い方であるが、何かを代償としてあるものを手に入れるという意味でも使われる。「長年の努力によって購われた地位」のような使い方をし、ここでは、そうした意味で使われている。

二 資料1のグラフにおいて、横軸が「特異性」、縦軸が「愛着度」のパーセンテージである。横軸が20%から、縦軸が40%から始まっていることに注意が必要であるが、同じパーセンテージの交点を結んで描いた直線の下側に位置するのが、「愛着度の質問に『はい』と答えた割合が、特異性の質問に『はい』と答えた割合を下回った」県である。東京と京都はそれに該当し、1は正しい。「特異性の質問に『はい』と答えた割合が少なかった県」とは、横軸で見て、より左寄りのものが該当する。したがって、最も左にあるのが兵庫で、以下神奈川、埼玉、千葉の順になり、2は正しくない。兵庫の特異性・愛着度は22%・58%程度と読み取れ、その差が約36で最も大きく、3は正しい。神奈川は23%・47%程度、埼玉は24%・44%程度、千葉は28%・45%程度と読み取れる。2とは逆に、「愛着度の質問に『はい』と答えた割合が多かった県」とは、縦軸で見て、より上にあるものが該当する。最も上にあるのは沖縄で、以下宮崎、長崎、岩手、新潟と読み取れる。よって、4は正しくない。

三 「おおむね正の相関関係を示している」ことの内容として、何が適切かということである。まず、資料1に表されているのは、特異性があると思うか、愛着を感じるか、という趣旨の質問に対する回答の結果であって、特異性というものが客観的に存在するわけではない。その点で、1と3の「気質に特異性があればあるほど／のあることが」という言い方は正確さを欠く。また、4は、「特異性はあると思うが、それが嫌いである」という回答がありうるので、これは正しくない。「気質の特異性を認める割合が大きいほど」と言っている、2が適切。

四　問題の文章の結論として言っている「不可逆的に進む過疎化によって購える」とはどういう意味であるかを問うている。「不可逆的」「購う」という言葉の意味を正確に言い換えて言っているのはどれかということになる。「不可逆」は化学で使われることが多い言葉で、「可逆」は逆向きの化学変化の起こることが可能なことであり、「不可逆」はひとつの化学変化が生じた状態を元に戻すような変化を起こすことがない、変化の起こることが不可能であることをいう。以上から、「限りなく進む」、「あってはならないところまで進む」と言っている、2と4は不適切。「購う」については、一の解説に記されているとおり、ここでは「何かを代償としてあるものを手に入れる」という意味で使われている。1・2での「埋め合わせられる」は、「購う」ではなく、「贖う」という表記で表されることの多い、金品で罪や失敗の償いをするという意味の「あがなう」である。以上のことから、3が最も適切である。

問3

解答　一…1　二…3　三…劣化　四…2　五…4

解説　◆グラフから読み取れることを記した文章を題材とした問題である。グラフから読み取れる事柄の正誤を問うているだけではなく、読み取れたことをどう表現するのが適切であるかも問うている。文章が、グラフのどこに着目し、そこから何を言おうとしているかを理解する「読解力」が必要であり、そのうえに立って正答を考えることになる。

一　さまざまな問題が目に見える形で現れてきている、という文脈から、1「顕在化」が適切である。2「潜在化」はその逆で、目に見えない形で存続すること。「顕然」や「現前」も、はっきりと目に見える、目の前にある、という意味だが、3「顕然化」、4「現前化」という使い方はしない。

二　第三段落で、「医療費総額抑制のために、診療報酬・薬価等の引き下げを行って、医療費総額の伸びをこの程度に抑え、かつ、内訳としての本人負担の割合を増加させたというのがその絡繰りだ」と説明している。つまり、そのような「絡繰り」によって、本来増加してしかるべき「医療費総額とその国民所得に占める割合」が巧みに抑えられている、と言っている。1は、「医療費総額の伸びをこの程度に抑え」という記述と矛盾するし、実際、グラフを見ても急激な伸びとは言い難いため、不適切。

2や4は、第三段落の説明の後であれば「当然」かもしれないが、第二段落までの文脈から言えば、「急速に高齢化が進む現状にあって」は「当然」とは言えないため、やはり不適切であろう。よって、3「この程度の増加ですんでいることは奇妙である」が最も適切である。

三　直前に「冒頭に記した」とあることから、「医師不足」「地域医療の質の低下」などの問題をまとめた表現だと判断できる。「質の低下」に近い意味の「劣化」が適切である。

四　「医療技術の進歩に伴う人々の医療に対する期待の増大、高齢化に伴う医療への需要増大など」から、先進国の医療費支出がさらに拡大することはまちがいないだろう。また、そう予想することが妥当なことだという意味になる、2「予想するに難くない」が適切。1の「吝かではない」は、そうすることにためらいはない、3の「如くはない」はそれに及ぶものがない、4の「値しない」は、そうする価値がない、という意味を表す言葉でいずれも不適切。

五　冒頭であげたようなさまざまな問題を解決するためには、医療費負担や財源の問題を含め、医療だけでなく社会保障全体を考えたうえでの、根本に立ち戻った制度改革が必要だと言っている。4「視野に入れた、抜本的な(制度改革)」が適切。1は、「俯瞰した」が当てはまりそうだが、「巨視的な」は、「巨視的な見地からの」のような言い方でないと「制度改革」と結び付く言葉ではないので不適切。2は「概観した」は当てはまりそうだが、「普遍的な」は、やはり「制度改革」そのものと結び付く言葉ではない。3は、「視座に入れた」が不適切。「視座」は「視点」と同じく、「～な視座から」と使うのが適切。「入れる」に続くのは、やはり4の「視野」である。

問4

解答

一…2　二　イ…1　ウ…1　エ…2　オ…1　カ…2　三　キ…1　ク…3　四…驚愕

五…3

解説

◆文章の的確な読み取りを通して、文脈に合った語句や文相互の論理的な関係を問う問題である。文章の趣旨は何であるか見極めながら、細部に気を配って読み解くことが大切である。

一　漢字「避」の訓について、どちらか一方しか知らなければ話は別だが、だれもが納得できる、つまり客観性のある理由をあげて、「さける」だとか「よける」だとか決めることは不可能である。したがって、2「客観（的）」が適切。1「経験（的）」、また、3「心情（的）」、4「感覚（的）」に決めるのは勝手だが、何らの根拠もなく、真の意味の「決める」に値しない。

二　答えを先取りして言えば、事前に何らかの好ましくない事態に遭遇することが察知される際に、遭遇せずに済むためにとる行動が「さける」であり、行動中に突然好ましくない事態に遭遇しそうになり、状況に応じて遭遇せずに済むようにするためのとっさの行動が「よける」である。その点から、イ・ウ・オが、1「さけ」で、エ・カが、2「よけ」である。

三　前問の解答ですでに説明したように、キには1が、クには3が該当する。なお、5は「さける」の、4は「よける」の意味自体を述べたものであり、前提的な条件ではないので、不適切。

四　ひどく驚く意を表す「驚愕」が適切な漢字表記。

五　直接の接触がないように間に遮蔽物を設けるという対策を講じるのだから、3が適切。1・2・4は文脈と合わない。

問5

解答

一…3　二…2　三　ウ…触発　エ…流布　四…4　五…1　六…4　七…2

解説

一　直前に「何気なく」とあることから、「見落とすまい」「見誤るまい」といった意図を含意する1・4は当たらない。2「目をそばめて」も、まともに見ようとしないで目をそらしたりする必然性がないので不自然。手もとにあるものを見ようとして、視線を下に向ける意の、3「目を落として」が適切。

二　Mさんの話をきっかけとして、話題を転じようとしていると解されることから、後に回すという含みを残した2「措いて」が適切。1・3・4は、文脈と合わない。

三　ウ　何かに刺激を与えて、ある行動を起こさせる意であり、「触発」。

エ　多くの人の耳目に触れるほど世間に広まる意で、「流布」。

四　言葉を語源に遡って考えることを、「時と場合によっては〜とも言えないが」と、全面的には否定していないので、否定表現と呼応して「一方的に〜とばかりは言い切れない」という判断を表す、4「あながち」が適切。1・2・3は、文脈と

敬語　文法（言葉のきまり）　語彙　言葉の意味　表記　漢字　総合問題

合わない。

五 「細い管を通して見る」の意から、自分自身の見聞を謙遜して言うのに用いられる、1「管見」が適切。2・3・4は、見聞して得た事柄よりも、自分自身の見解のほうに意味の重点がある。

六 「犠牲者」は、本来、民族・国家や一族の存亡の危機などを救うために命を捧げた人を指す語である。したがって、何とも納得しがたいの意を表す、4「奇異」が適切。1・2・3は、文脈と合わない。

七 失敗などを繰り返さないように、心にしっかりと留めておく意の、2「肝に銘じて」が適切。1の「座右の銘」は、日常的に、折にふれて思い起こす教訓的な言葉。3の「警世の言」は、広く世間の人一般に対する警告的な言葉。4の「胸に納める」は、見聞したことや感じたことを他人に言うことなく、自分一人の心に留めることを表す。

問6

解答 一…2　二…3　三…4　四…杞憂　五…1　六…1　七…出藍

解説

一 「三尺下がって師の影を踏まず」とは、弟子は師を尊敬しどんな時にも礼を失わないようにとの戒め。

二 1「不快」は快くないこと。2「不慮」は思いがけないことで、よくない出来事に用いる。3「不明」ははっきりしないことの他に、見識の足りないことも意味する。4「不徳」は徳が足りないこと。文脈から3「不明」が適切。

三 1「阿諛追従《あゆついしょう》」はこびへつらうこと。2「一知半解」は知識がなまかじりで自分のものになっていないこと。3「隔靴掻痒《かっかそうよう》」ははがゆくもどかしいこと。4「笑止千万」はとてもおかしいこと。文脈から4「笑止千万」が適切。

四 「杞憂」とは取り越し苦労のこと。

五 前文を言い換えている部分なので1「つまり」が適切。

六 意味的には3「仰ぎ」も考えられそうだが、「敬して遠ざける」という句があることから、1「敬し」のほうが適切。「畏れ」は神仏や非常に地位の高い人物などに対する敬いだが、2「恐れ」は単にこわがることなので不適切。4「眺め」は見渡したり傍観したりすること。

七　「出藍の誉れ」とは、文中で説明があるように、弟子がその師よりもすぐれていること。

編集協力／DTP　株式会社群企画
ブックデザイン　金子裕（東京書籍AD）
イラスト（にほごんと仲間たち）　福政真奈美
執筆協力　加藤淳／加藤弓枝／加藤良徳
佐光美穂／畑恵里子／本田恵美
村井宏栄／他

日《に》本《ほん》語《ご》検《けん》定《てい》 公《こう》式《しき》練《れん》習《しゅう》問《もん》題《だい》集《しゅう》 3《さん》訂《てい》版《ばん》
1級

2016年3月30日　第1刷発行

編者　日《に》本《ほん》語《ご》検《けん》定《てい》委《い》員《いん》会《かい》

発行者　千石雅仁

発行所　東京書籍株式会社
東京都北区堀船 2-17-1　〒114-8524
営業部 03-5390-7531 ／編集部 03-5390-7455
印刷・製本　凸版印刷株式会社

ISBN978-4-487-80991-2 C0081

東京書籍　http://www.tokyo-shoseki.co.jp
日本語検定委員会事務局　フリーダイヤル 0120-55-2858
http://www.nihongokentei.jp